경쟁을 넘어 협동으로 함께 꾸는 꿈

사회적 경제

서울을 바꾸는 정책

새로운 도시 02

사회적 경제

경쟁을 넘어 협동으로 함께 꾸는 꿈

이은애 지음

서울연구원
The Seoul Institute

서문

모두를 위한 경제, 우리를 위한 경제

대동경제(WEconomics)는 우리(We)와 경제(Economics)의 합성어로 '모두를 위한 경제, 우리를 위한 경제'를 뜻한다. 박원순 서울시장은 고속성장이 빚어낸 양극화와 불평등, 불공정한 사회문제를 해결하기 위해 모두를 위한 대동경제 실천을 강조한다. 일자리 창출과 복지에 대한 투자로 소득을 향상시켜 성장을 유도하고, 이를 통한 불평등 해소로 다시 일자리가 더 많이 창출되는 선순환 구조를 만들자는 것이다. 이러한 대동경제를 실현하는 데 사회적경제와 공유경제가 대표적인 방법론으로 부각되고 있다. 특히 대동경제의 핵심인 사회적경제가 왜 이 시점에서 중요하게 부각되는지 살펴보도록 하자.

통계청 자료와 국회 보고서를 보면 2014년 우리나라 전체 기업의 0.8%인 4,000여 개의 대기업이 전체 기업 매출의 64%를 차지하고 있다. 반면 50만 개가 넘는 99.2%의 중소기업 매출은 35.6%에 불과하다. 이와 같은 기업 사이의 경제적 불평등은 각 기업에서 일하는 사람들의 소득 양극화로 이어진다. 상위 1% 국민의 연평균 소득은 3억 8,000만 원으로 일반 시민들의 연평균 소득인 2,510만 원의 15배[1]를 넘을 정도로 대한민국은 미국과 멕시코, 스위스에 이어 세계 4위의 불평등 국가라는 불명예를 안고 있다.

지난 20세기 세계경제는 부의 창출을 최우선으로 삼았다. 대신 이익 배분은 복지제도나 노동운동, 유럽식 사회적 합의제에 그 역할을 맡겨두었다. 21세기 들어 금융자본주의와 세계화 그리고 4차 산업혁명을 거치면서 99대 1의 양극화된 경제 질서가 심화되었다. 여기에 저성장과 고령화, 심각한 청년 실업과 조기 퇴직한 베이비부머 세대의 노후불안 문제까지 겹치면서 불평등한 부의 분배가 자본주의 시장경제를 위협하는 수준에 이르렀다.

이러한 상황 속에서 1997년 한국의 외환위기와 2008년 세계 금융위기가 발생했을 때 국가들은 공적 자금을 기업에 지원했다. 그런데 지원 자금의 90% 이상은 금융위기를 유발한 금융권 기업들에게로 돌아갔다. 반면 일반 시민들은 정리해고를 당하고 복지마저 축소되면서 그 부담을 고스란히 떠안게 되었다. 이처럼 상위 1%는 부를 독식할 뿐 아니라 문제가 발생했을 때 그 해결비용을 나머지 99%에게 전가하는 상황까지 벌어지는 것이 현실이다.

세계경제의 규칙을 변화시키지 않는다면 이런 상황이 계속된다는 것을 자각한 청년세대들은 2011년 서브프라임 경제 위기에 맞서 "월스트리트를 점령하라"는 구호를 외쳤다. 99대 1로 대변되는 불평등한 질서에 항의하기 시작한 것이다. 99% 시민의 삶의 질은 1%가 정하는 규칙에 따라 주어지는 노동소득에 의해 결정되기 때문이다. 이는 삶의 주체성이 훼손되는 불안하고 불공정한 게임이다. '99%를 위한 부의 창출과 분배의 공정성 회복'이 가능한 경제 질서를 바로 세우는 것이 우리 모두의 최우선 과제가 된 배경이다.

사회적경제는 기존 자본주의 경제 패러다임과는 다른 게임의 규칙을 지향한다. 사회적경제는 공공성의 확대를 지향하지만 국가가 그 역할을 독점하기보다는 자발적인 시민공동체가 함께 나서야만 해결될 수 있다고 믿는다. 또한 시장을 움직이던 이기심과 물욕 대신 이타심, 호혜성, 협동, 사회적 소유, 커뮤니티를 위한 재투자 같은 동기로 움직이는 경제가 가능함을 보여준다.

서울에는 지역을 거점으로 하는, 혹은 가치와 문제를 공유하는 다양한 커뮤니티가 기반이 되어 서울의 사회적경제를 만들고 있다. 지역공동체 수준에서 만들어진 소비자생협이나 의료생협이 대표적이다. 또한 학업과 취업을 위해 상경한 청년들의 세대 공동체, 장애인가족, 동물사랑동호회, 공정무역 충성고객그룹과 같은 온·오프라인의 다양한 커뮤니티가 존재한다.

대기업들의 골목상권 침투에 맞서 동네 빵집들이 만든 '동네빵네협동조합', 노인 돌봄에서 일하는 여성 가장들의 하루 3교대 근무제와 편리한 요양서비스를 정착시킨 '다솜이재단', 시민들이 공유·교환하는 재사용가게를 통해 저성장·저소득 시대에 맞는 생활문화를 가능하게 한 '아름다운가게', 장애인이 사회의 짐이 아니라 공익적 노동자가 될 수 있음을 보여준 '웹와치' 등이 있다. 이처럼 서울시민들은 다양한 커뮤니티를 기반으로 새로운 고용모델과 사회문제 해결 방법을 제시하고,

그 수익으로 자립생활을 영위하고 있다. 이러한 커뮤니티들은 자본주의 시장경제가 발전하면서 나타난 불평등, 생태파괴, 생활격차 등 다양한 사회문제에 대한 대안으로 등장해 이윤 극대화가 최고의 가치인 시장경제와 달리 사람의 가치를 우위에 두는 경제 활동을 이어가고 있다.

이제 사회적경제가 한 걸음 더 나아가 99%의 시민들이 함께 참여하고 성장하는 공유와 연대의 장으로 자리매김하기를 희망한다. 4%의 소금이 오대양의 바닷물을 짜게 만들 듯 사회적경제가 기존의 시장 질서를 건강하고 공정하게 변화시키는 역할을 수행하리라 기대한다.

2017년 1월
이은애

차례

| 서문 | 모두를 위한 경제, 우리를 위한 경제 • 5

CHAPTER 1 사회적경제로 시민이 행복한 도시를

세계 최대 노동자 협동조합, 스페인 몬드라곤 • 15
전체 인구보다 조합원 수가 많은 도시, 캐나다 퀘벡 • 21
협동조합의 천국, 이탈리아 볼로냐 • 27
서울, 경제민주화 도시를 선언하다 • 32

CHAPTER 2 사람 중심의 경제도시로 거듭나다

1%를 위한 경제 vs. 99%를 위한 경제 • 41
고성장 · 고소비 시대에서 저성장 · 안심생활경제로 • 44
사회적경제 기업의 특성과 현황 • 47
서울시 사회적경제의 종합지도 • 51
사회적경제 정책의 판도를 바꾸다 • 57

CHAPTER 3 '포용적 성장'의 서울시 사회적경제

지역의 골칫거리가 일자리로 • 63

시민기업들의 협동으로 100년 기업 만들기 • 69

사람과 기업이 함께 크는 사회적경제 기업 • 79

신용으로 창업한다, 사회투자기금 • 87

사회책임소비로 판로를 키운다 • 91

CHAPTER 4 지역경제를 넘어 고용 혁신으로

일자리 살리는 사회적경제 • 101

지역 문제 해결을 위한 공동 플랫폼 • 106

사회적경제 활성화를 이루는 가치 있는 세금 사용 • 119

경제의 규칙, 시민 행복을 최우선으로 • 122

주석 • 132

CHAPTER 1

사회적경제

사회적경제로 시민이 행복한 도시를

세계 최대 노동자 협동조합, 스페인 몬드라곤

몬드라곤은 스페인 북부 바스크 지방의 작은 마을 게르니카와 이웃하는 인구 11만 명의 마을이다. 몬드라곤은 '용의 계곡'이란 뜻으로 산악지대에 위치해 교통도 불편하고 농업도 제대로 할 수 없는 곳이다. 그런 마을이 지금은 스페인 재계 순위 7위 기업으로 성장한 '몬드라곤 협동조합 복합체(Mondragón Cooperative Corporation; MCC)'를 배우려고 찾아오는 세계 각지의 방문객으로 분주하다. 몬드라곤 협동조합 복합체(이하 몬드라곤 협동조합)는 정밀기계, 건축, 금융, 제조업, 유통, 지식 등의 분야에서 약 260여 개의 개별 협동조합을 포괄하는 복합체로 연매출 1,187만 5,000유로에 7만 4,000여 명이 종사하는 세계 최대 규모의 노동자 협동조합이다. 2008년 세계를 휩쓴 경제 위기 당시 국내 언론들은 남부 유럽 국가들의 부도 사태를 전망했다. 이런 전망을 비웃듯 몬드라곤 협동조합은 단 한 명의 해고도 없이 오히려 1만 5,000명의 신규고용을 창출하고 안정적인 성장세를 이어갔다.

1941년 기술학교와 석유난로 공장으로 시작

1941년 스페인 내전으로 인구의 80%가 떠나고 산업이 붕괴된 몬드라곤에 호세 마리아 아리스멘디아리에타(José María Arizmendiarrieta) 신부가 부임했다. 그는 청년들을 위한 기술학교를 만들고 작은 석유난로 공장을 세웠다. 그렇게 만들어진 것이 울고(Ulgor)다. 몬드라곤 협동조합은 이렇게 시작됐다. 노동자들이 주인이 된 협동조합은 날이 갈수록 성장해 구겐하임 빌바오 미술관을 건축한 몬드라곤 건설, 가전회사 파고르(Fagor), 소비생협 에로스키(Eroski)와 같은 유수 기업뿐 아니라 전기, 자동차, 철강, 공작기계 등의 제조업, 서비스, 유통,

금융, 교육 분야를 포함하는 그룹이 되었다.

몬드라곤 협동조합의 일관된 목표는 주민의 질 좋은 고용 창출과 유지다. 이런 목표와 전통이 있었기에 1980년대 유럽의 경기침체나 2008년 세계경제 위기 속에서 파산하는 협동조합 노동자들을 다른 협동조합으로 전직시키거나 임금의 80%에 달하는 휴직수당을 제공하며 신기술 훈련 기회를 제공함으로써 위기에 대응할 수 있었다.

호세 마리아 신부는 "일부 사람이 자신의 배타적인 이익을 위해 타인의 노동을 이용하는 것을 허용하는 사회제도는 일종의 사회적 괴물이다. 협동조합주의자는 자본주의자와 구분된다. 즉 자본주의자가 자신의 이익에 봉사하는 사람을 키워내기 위해 자본을 이용하는 반면, 협동조합주의자는 노동환경을 개선하기 위해 자본을 이용한다"라며 협동조합의 의미를 전했다. 몬드라곤 그룹의 10대 운영 원칙은 다음과 같다.

1. 조합원 자격은 모두에게 개방한다.
2. 1인 1표 주의에 기초해서 민주적으로 조직한다.
3. 노동자에게 최고결정권을 부여한다.
4. 자본은 삶의 질을 향상하기 위한 보조적 도구일 뿐이다.

5. 노동자들은 경영에 참여한다.

6. 임금은 균등하게 정한다.

7. 모든 조합은 조합 간에 서로 협동한다.

8. 지역사회 발전에 기여한다.

9. 사회민주화와 정의, 평화 등 보편적 가치를 확산시킨다.

10. 모든 조합원들에게 교육 기회를 제공한다.

이러한 원칙에 따라 운영되기에 비조합원이라 해도 '동일노동 동일임금'의 원칙 아래 충분한 생활보장을 받는다. 퇴직하거나 휴직했을 때도 자체 사회보장 협동조합에서 연금이 나오기 때문에 미래에 대한 불안도 없다. 경영자인 이사들 또한 조합원들이 뽑는다. 따라서 대주주 눈치를 보지 않고 동료와 가족을 위해 일하는 이사회가 가능해진다. 물론 의사결정이 느리다는 약점도 있으나, 일단 모든 조합원이 그룹이 처한 상황을 이해하고 함께 결정한 사항에 대해서는 높은 충성도와 추진력을 보이며 단점을 보완하고 있다.

협동, 70년 역사 속에 지켜온 정신

몬드라곤 협동조합은 가난한 노동자들로 구성되어 있다. 그래서 거액의 자본을 조달하기 어려운 단점이 있기에 초기부터 협동조합 수익의 14%를 비분할 적립기금화(노동인민금고)했다. 그리고 조합원에게 매년 주어지는 배당금을 퇴직할 때까지 협동조합이 재투자 자본으로 활용할 수 있게 하는 등 대안적 금융기술을 발전시켜 왔다. 그 결과 경제 위기가 올 때마다 지역의 중소기업들이 협동조합으로 전환하여 몬드라곤 협동조합의 사업 영역을 오히려 확장시키며 상생하는 끈끈한 협동조합 생태계를 구축하고 있다.

몬드라곤 협동조합에 속한 모든 협동조합은 수익의 14%를 적립기금으로 내고, 나머지 수익의 45%는 자체로 적립하고 45%는 조합원에게 배당한다. 조합원 배당은 다시 협동조합에 재투자되는데 시중보다 훨씬 높은 이율이 보장된다. 이렇게 재투자된 배당을 조합원 대부분은 나중에 퇴직하거나 휴직했을 때 받아간다. 또한 몬드라곤 협동조합에 속한 협동조합은 적립기금 등을 통해 마련된 돈으로 조합이 위기에 처했을 때 임금을 보존받는다. 이것은 조합의 손실 때문에 실업자가 만들어지는 것을 막기 위한 방책으로 갚아야 하는 빚이 아니다. 이를 통해 각 협동조합들은 임금에 대한 부담을 덜고 실패를 두려워하지 않으면서 새로운 사업에 과감하게 투자할 기회를 얻을 수 있다.

몬드라곤 협동조합은 70년이 넘는 긴 역사를 갖고 있다. 이 기간 동안 변함없이 유지돼온 정신은 '협동조합 간 협동'이다. 지금은 협동조합의 원칙 가운데 하나로 자리 잡았지만 내부적으로 단결력이 강하고 정체성이 뚜렷한 협동조합이 다른 협동조합과 연대하는 것은 쉽지 않다. 주식회사의 경우 경제적 이해관계만 맞으면 쉽게 연대할 수 있고 기업 합병까지 진행되지만 협동조합의 경우 서로 마음에 맞는 협동조합을 찾는 것 또한 쉽지 않다. 이런 어려운 과정을 거치면서 몬드라곤 협동조합은 성장을 거듭해왔다.

전체 인구보다 조합원 수가 많은 도시, 캐나다 퀘벡

경제협력개발기구는 2014년 포용적 성장(Inclusive Growth)의 예로 캐나다 퀘벡의 일자리 창출 모델을 눈여겨볼 것을 강조했다. 퀘벡은 스페인 몬드라곤, 이탈리아 볼로냐와 함께 세계 사회적경제 3대 모델로 꼽힌다. 퀘벡의 사회적경제 영역의 매출 규모는 연간 150억 달러로 캐나다 국내총생산(GDP)의 8%를 차지한다. 특히 퀘벡의 협동조합 조합원 수는 880만 명으로 도시 전체 인구인 821만 명보다 많은데, 이는 한 사람이 두 개 이상의 협동조합에 가입한 경우가 많기 때문이다. 사회적경제 기업 수는 7,241개에 달하고 이 기업들이 창출하는 일자리는 7만 8,000개가 넘는다. 사회주택을 이용하거나 관리하는 조합원이 되어 주거비 부담을 줄이고, 산업이 공동화된 곳에 시민출자로 지역개발회사를 세워 신산업 개발과 주민고용의 기회를 만들며, 맞벌이 부부는 공동육아 협동조합에 가입하는 것이 일상화되었다.

하버드 MBA가 놓친 '태양의 서커스'

하버드 MBA의 경영사례 수업에서는 전통적인 산업에서 새로운 부가가치를 만들어 블루오션의 개념을 확장시킨 대표적 사례로 세계적인 서커스기업 '태양의 서커스(Cirque du Soleil)'를 다루곤 한다. 그러나 사례분석이 태양의 서커스라는 기업이 보유한 내부 경쟁력에만 맞춰지다 보니 실제 태양의 서커스를 지역산업으로 육성해보고자 했던 가난한 폐광촌 주민들의 노력이나 성공의 중요한 파트너가 되어준 사회적기업 '라 토후(La Tohu)'와의 관계는 소홀히 다루고 있다. 사례분석의 효과를 반감시키는 오류를 범하는 것이다.

광산업이 발달했던 생미셸은 폐광이 잇따르고 산업이 쇠퇴하면서 세수가 급격히 줄자 1980년대 이후 캐나다 전역으로부터 쓰레기 매립 대금을 받아 공공재정을 마련해왔다. 하지만 쓰레기 매립으로 환경오염이 악화되면서 이를 견디지 못한 주민들이 쓰레기 매립 중단을 요구하고 나섰다. 갈등이 고조되던 상황에서 주민들을 이끈 여성 사회적기업가는 지역주민과 지자체에 혁신적 대안을 제시했다. 주민들에게 개별 지급되던 환경피해보상액을 모아 쓰레기 매립지에서 나오는 메탄가스를 추출하는 공장을 세우고, 이 시설을 지자체와 함께 시민들이 공동출자하여 운영하자고 제안했다. 주민들과 지자체는 이 제안을 받아들였고, 사업에 성공한 주민들은 수익금을 이용하여 지역 고유의 산업을 만들어 청년들에게 삶의 비전을 제시해주자는 2차 제안까지 내놓았다.

당시 생미셸의 이웃 지역에서는 20여 명의 문화예술가들이 모여 태양의 서커스를 운영하고 있었다. 당시 태양의 서커스는 아이디어는 참신했으나 재정적으로는 어려운 상황이었다. 생미셸 주민들은 이 서커스 기업을 생미셸에 유치하는 한편 서커스 산업 인재를 양성할 서커스 학교를 설립했다. 그리고 이 학교에서 훈련받은 지역 청소년들을 공연예술가 · 극작가 · 조명 · 의상디자이너 등으로 고용했다. 이제 태양의 서커스는 정규직만 5,000명이 넘는 회사로 성장했고, 생미셸은 서커스 산업과 생태적 도시복원의 모범 사례로 자리 잡았다.

퀘벡 콩코르디아대학의 교수 마거리트 멘델은 "라 토후의 성취는 단순히 고용창출 효과에 머물지 않는다"라며 "지역주민에게 다양한 기회를 제공하고, 자유로운 활동을 통해 영감을 주는 일련의 활동은 지역 청년들의 사회적 상상력을 자극하고 있다"라고 강조했다.

다양한 주체들과의 연대, 샹티에(Chantier)

캐나다도 1980년대 초반 심각한 경기침체를 겪었다. 연방정부의 재정적자로 인해 정부 주도 발전전략이 한계에 부딪혔고, 당연히 지역공동체의 사회복지 지출도 줄어들었다. '조용한 혁명'이라 불리는 퀘벡의 변화는 이때부터 시작되었다. 프랑스계 국민의 사회 · 경제적 지위 개선을 위한 정치 · 경제 · 문화의 개혁이 진행되었고, 이 과정에서 '데자르댕'과 같은 전통적 신용협동조합이 급성장했다. 아울러 퀘벡 최대 노동조합연맹인 FTQ가 운영하던 노동자연기금을 출연하여 중소기업 회생과 지역고용 창출을 위한 사회적경제 지원금으로 운용했다.

경기침체에 대한 대응책은 두 갈래로 진행되었다. 하나는 시장에 맡겨서 효율성을 높이는 민영화의 길이고, 또 하나는 지역공동체의 사회적경제를 활용하는 길이었다. 전자의 경우 값비싼 고급 서비스는 만들어냈을지 몰라도 가난한 사람들의 복지는 축소되는 결과를 낳았다. 후자의 길 끝에는 비용 감축과 동시에 만족도 증가라는 두 마리 토끼가 기다리고 있었다. 퀘벡은 1980년대 초 노동운동 내의 논쟁, 정부와 공동체 간의 시끄러웠던 논쟁을 거친 끝에 시민들이 적극적으로 참여하는 경제 모델을 만드는 길을 선택했다.

사회적경제가 본격적으로 부상한 것은 1995년 퀘벡의 여성들이 경제 위기에 대응하여 벌인 '빵과 장미의 행진'이 계기가 되었다. 이 행진 이후 노동운동, 환경운동, 여성운동 등 퀘벡 사회의 다양한 세력들이 한자리에 모여 경제위기를 극복하기 위한 대책을 세웠다. 이때 만들어진 것이 사회적경제 협의체인 '샹티에'다.

샹티에의 장점은 다양한 세력 간의 연대를 이끄는 힘과 풍부한 기금에 있다. 샹티에의 핵심은 퀘벡노동조합총연맹과 함께 다양한 대안금융을 만들어 새로운 사회적경제 기업들에게 15년에 날하는 장기 저리대출과 사회적 투자를 아끼지 않는 것이다. 또한 지역 내 산학연 협력 문화와 구조를 만들고 대안에너지, IT 연계형 창업, 문화예술 등 다양한 분야에서 대학생들을 포함한 청년들의 사회적경제 기업 창업과 취업을 장려하고 있다. 최근에는 청년들이 사회적경제 영역으로 들어오면서 사회적경제가 단지 빈곤문제를 해결할 뿐 아니라 '더 좋은 삶과 더 나은 사회'를 위한 민주주의를 훈련하고 청년세대의 사회혁신 활동을 돕는 창구로서 외연을 확장하고 있다.

샹티에에서 20년 가까이 대표로 활동했던 낸시 님탄(Nancy Neamtan)은 다음과 같이 말했다. "당시 퀘벡의 인구는 급격히 노령화되고 있었다. 그래서 요양원에 가지 않길 바라는 사람들을 위한 서비스가 필요했는데 사회적경제 기업이 이를 담당했다." 사회적경제가 사회문제를 해결하는 동시에 일자리 창출 효과를 가져온 것이다.

협동조합의 천국, 이탈리아 볼로냐

1900년대 초반 시작된 이탈리아의 협동조합은 특정 지역에만 치우치지 않고 노동자, 소비자, 농업, 금융 등 다양한 부문에서 발전을 보이고 있다. 특히 농업이 기반산업인 가난한 남부지역에서는 농업 및 사회적협동조합이 강세이며, 도시가 발달한 중북부에서는 노동자협동조합 및 소비생협이 다수를 이룬다. 이에 최근 남부 시칠리아에서는 법원이 압수한 불법 토지를 협업농상화하여 공정무역을 실천하는 사회적기업이 출현해 주목받고 있다.

1947년 개정된 이탈리아 헌법 45조는 "이탈리아공화국은 비투기적인 성격을 지니며 호혜적인 상호이익을 위해 활동하는 협동조합의 사회적 기능을 인정한다. 공화국은 가장 적절한 방법을 통해 협동조합을 감독하고 장려함으로써 협동조합의 성격과 목적을 보장한다"라는 협동조합의 가치를 인정하고 장려하는 내용을 명시하고 있다.

이러한 역사적 맥락을 통해 2010년 현재 이탈리아 협동조합 종사자 수는 123만 명으로 총 고용의 9.74%(2010년 기준)를 차지한다. 특히 협동조합 종사자의 30% 이상이 노동자협동조합 종업원이며, 25%는 사회적협동조합 조합원으로 복지, 문화교육 등의 사회서비스 업종에서 일한다. 또한 개별 사회적경제 기업들을 묶어 공동의 기금 조성과 사업화를 지원하는 연합체 시스템으로 발달시킨 결과 2011년 말 이념을 뛰어넘는 국가적 수준의 연맹체가 설립되었다.

볼로냐는 이탈리아 북부 에밀리아로마냐 주의 주도이자 이탈리아 협동조합의 수도로 불리는 곳이다. 2010년 말 기준으로 볼로냐 시민 130만 명 중 100만 명이 협동조합의 조합원으로 경영, 노동, 소비, 출자 등에 참여하고 있으며 300개 협동조합의 연매출은 4조 8,000억 원에 달한다. 북부지역이라는 특성상 노동자협동조합과 소비생활협동조합, 그리고 1970년대 이후 발달한 사회적협동조합들이 다수를 차지한다.

볼로냐가 속해 있는 에밀리아로마냐 주는 2차대전으로 폐허가 된 도시였다. 그러나 1970년대 전반까지 경제, 사회, 환경 면에서 정책을 혁신한 결과 유럽 시민들이 살고 싶은 도시이자 중소기업이 발달한 도시로 성장했다. 이에 인구 440만 명인 에밀리아로마냐 주는 이탈리아 전체 20개 주에서 국민소득과 생활만족도가 가장 높은 도시로 항상 3위 안에 든다. 볼로냐의 대표 모델인 에밀리아로마냐 모델은 세 가지 특징을 보인다.

첫째, 길드 체제로 협동조합 전통이 강하고 2차대전 당시 무솔리니의 파시즘에 저항했던 레지스탕스 활동이 활발했던 지역으로 주민평의회를 중심으로 다양한 사회계층의 신뢰와 연대를 중시한다.

둘째, 산업화 과정에서 대공장을 통한 비숙련 일자리 확대보다는 고객의 요구를 유연하게 대응할 수 있는 지역 기반의 중소기업을 우대하며 숙련 노동자를 양성해왔다. 또한 시민 생활의 질적 향상을 정책지표로 삼았다.

그러나 1970년대 후반 이후 좌파정권의 정책 실패와 유럽연합의 확대 과정에서 가난한 이주노동자가 급증하면서 에밀리아로마냐 모델은 위기에 처하기도 한다. 이때 지역의 중소기업과 자영업자들의 네트워크가 협업화를 촉진했고, 사회적경제 조직들도 복지 안전망이 취약한 시민들을 대상으로 하는 사회서비스 확충사업을 적극적으로 펼쳤다. 이러한 기반은 1991년 사회적협동조합에 대한 법률을 제정하고 에밀리아로마냐 모델의 저력을 회복하는 데 원동력이 되었다. 이에 한때 최악의 경제 상황을 맞았던 에밀리아로마냐 주는 최근 유럽연합 122개 도시 중 재정상황이 상위 10위권 내로 진입할 정도로 놀라운 문제해결력을 보여주고 있다.

에밀리아로마냐 모델을 세계적으로 전파해온 볼로냐대학 경제학과의 스테파노 자마니 교수는 다음과 같이 강조했다. "볼로냐는 농업, 공업, 서비스업이 균형 있게 발달했고, 42만 개 사업체 중 90%가 중소기업이다. 'ERVET'라는 지역개발 중간지원조직을 통해 중소 상공인과 사회적경제 조직들이 협업하며 지속 가능성을 높여왔다. 협동조합 연맹체가 발달하다 보니 고용 규모 500인 이상의 기업 중 20%가 협동조합이다. 한국의 사회적경제도 작은 경제 조직들 간의 협업이 중요하며, 혁신적인 비즈니스 역량을 발휘하여, 시장과 기술의 변화에 능동적으로 대응하고 특히 복지, 교육, 문화 등 서비스 분야의 사회적경제 기업을 활성화하여 청년과 은퇴자들의 고용문제에 대한 해법을 찾길 바란다."

서울,
경제민주화 도시를 선언하다

박원순 서울시장은 2016년 9월 7일, 퀘벡 몬트리올에서 열린 국제사회적경제협의체(GSEF, Global Social Economy Forum) 총회에서 개회사를 통해 이렇게 말했다. "전 세계가 경제 위기를 겪고 불평등이 심화되고 있습니다. 새로운 경제동력과 새로운 패러다임의 전환이 필요한데 우리는 사회적경제에서 그 답을 찾고 있습니다." 그리고 사회적경제는 국가도 시장도 아닌 시민의 참여로 이뤄지는 경제라고 강조하며 “경제 위기와 불평등을 극복하는 연대와 협력의 힘을 증명하자”라고 역설했다.

국제사회적경제협의체는 사회적경제로 도시발전을 구상하는 지방정부 및 사회적경제협의체들의 국제네트워킹 플랫폼으로 2014년 서울시가 주도해 설립했으며, 서울이 의장도시를 맡고 있다. 서울시는 2013년 국제사회적경제 포럼을 처음으로 개최하고, 사회적경제를 통해 인류가 당면하고 있는 경제, 사회, 환경 위기를 극복하고자 하는 취지의 ‘서울선언문’을 발표했다. 그리고 이듬해인 2014년, 이를 실현하기 위한 상시적 국제기구인 국제사회적경제협의체를 발족하고 창립총회를 개최했다.

서울에서 시작된 이러한 움직임은 2016년 9월, 몬트리올에서 한 걸음 더 나아갈 수 있었다. ‘GSEF 2016’이라는 이름으로 두 번째 국제사회적경제협의체의 막이 오른 것이다. ‘도시의 지속 가능한 발전을 위해 협력하는 지방정부와 사회적경제조직’이라는 주제로 사흘 동안 40여 개의 워크숍과 토론이 이어졌다. 62개국 330개 도시에서 1,800여 명의 지방자치단체 관계자, 사회적경제 관계자, 일반 시민이 참석했으며 서울시의 사회적경제 발전 사례가 특히 많은 주목을 받았다.

시울시는 지난 2011년 말, '사회적경제가 성장 가능한 생태계 조성 전략'을 채택한 뒤로 2015년 말 기준 사회적경제 기업 3,089개가 총 연매출 1조 4,000억 원, 총 고용 1만 5,000여 명을 달성하는 성과를 거두었다. 5년이 되지 않는 짧은 시간에 괄목할 만한 양적 성장을 이룬 것이다. 동시에 민관협력 시스템 및 자치구별 지원을 통한 사회적경제의 지역 생태계 조성 전략 및 추진방법을 보여줌으로써 많은 국가와 도시, 그리고 현장 조직들에게 영감을 주었다.

공정한 삶의 가치가 실현되는 사람 중심의 도시

서울시는 2016년 2월 12일 '경제민주화 도시 서울'을 선언했다. 박원순 시장은 "이제 우리는 국민 10명 중 9명이 경제정의와 경제민주화의 필요성을 인정하고 있다는 사실을 더 이상 외면해서는 안 된다"라고 주장하며 "포용적 성장론이 주창되고 동반성장이 논의되며 경제민주화가 화두가 되고 있는 것은 바로 이러한 이유 때문"이라고 말했다. 또한 "경제민주화를 통해 새로운 성장 동력과 역동적인 시장 환경을 조성하여 시장경제의 지속 가능한 미래를 열고, 불평등을 완화하여 대등한 경제 참여 기회를 제공함으로써 더 큰 경제 성장의 시대를 열어갈 것이다"라고 말했다.

이에 앞서 서울시와 서울시의회는 2014년 5월 14일 '서울시 경제민주화 기본조례'를 제정 · 공포했다. 이 조례에서는 경제민주화의 의미를 "서울시 내 대기업과 중소기업, 시민, 각 세대 사이에 존재하는 경제적 불균형과 불공정한 거래관행을 개선하고, 경제적 약자를 보호하며, 상생 환경을 조성함으로써 함께 사는 사회, 공정한 삶의 가치가 실현되는 사람 중심의 도시를 만드는 것"으로 설명하고 있다.

서울시 사회적경제 기본조례는 사회적경제의 기본 이념과 원칙, 사회적경제 활성화와 가치실현을 위한 서울시장과 사회적경제 기업의 책무, 사회적경제 지원 기관의 역할, 사회적경제 활성화를 위한 행정과 재정적 지원 근거 및 국제협력 노력 등에 관한 내용을 담고 있다. 조례를 보면 '사회적경제 생태계'라는 표현이 나오는데, 이는 사회적경제 기업의 설립 및 발전, 시장 조성과 이해관계자의 다양한 참여, 재생산과 재투자 등이 선순환되는 시스템을 말한다. 이와 함께 조례에서는 사회적경제를 활성화시키고 사회적경제 간 유기적 협력과 연대가 이뤄지도록 필요한 지원과 시책을 효과적으로 추진하는 것을 '시장의 책무'로 규정하고 있다. 그러므로 시장은 서울시의 각종 정책 수립과 사업 집행에서 사회적경제와의 연계를 촉진해 해당 정책과 사업이 사회적 가치 실현에 기여하도록 적극 고려해야 한다.

사회적경제 기업에게도 부여되는 책무가 있다. 사회적경제 활성화에 대한 책임감을 가지고 상호 협업과 공유를 통해 지속 가능한 사회적경제 생태계를 구축하기 위해 노력해야 한다. 이 조례는 서울시 사회적경제지원센터의 설립과 운영의 근거가 되었다. 2013년 초 설립된 사회적경제지원센터는 시민사회 협동촉진, 지속 가능한 생태계 조성, 사회적경제 주체 형성 및 공감대 확산, 정책 개발 및 신뢰도 제고 등 사회적경제 생태계 조성사업을 진행하고 있다.

동반성장 · 공정거래 · 노동존중을 기본 목표로 설정

조례 제정 이후 사회적경제 생태계를 조성하기 위해 적극적으로 나선 서울시는 '경제민주화 도시 서울' 선언을 통해 상생으로의 동반성장, 공정한 거래질서 확립, 노동의 존엄성 보장을 목표로 다음과 같은 세부 실천 과제 16개를 제시하였다.

1. 골목상권 보호
2. 소상공인 자생력 강화
3. 중소기업 적합업종 보호및 활성화
4. 대형유통사와 골목상권의 상생협력 지원 강화
5. 금융 취약계층의 사회경제적 자립 지원
6. 청년층의 건강한 금융활동 지원
7. 체납 영세사업자의 경제적 재기 지원
8. 소상공인을 위한 중금리 보증상품 지원
9. 프랜차이즈 불공정거래 피해구제와 사후관리
10. 불공정 하도급 관행 근절
11. 소비자 권익 보호 및 피해구제 실효성 강화
12. 특별사법경찰단의 민생침해 근절 활동 확대
13. 임차상인의 권익 보호와 피해구제 지원
14. 공정한 상가 임대제도 정착
15. 도시재생에 따른 영세임차상인 지원
16. 서울형 생활임금제 조기 정착 확산

이를 기반으로 서울시의 경제민주화 가치가 실현되는 과정에서 사회적경제의 역할이 두드러지리라 전망한다.

CHAPTER 2

사회적경제

사람 중심의 경제도시로 거듭나다

1%를 위한 경제 vs. 99%를 위한 경제

박원순 서울시장은 최근 노벨경제학상 수상자인 조셉 스티글리츠(Joseph Stiglitz) 컬럼비아대학 교수와의 만남에서 "한국사회는 불이 났다. 불평등, 불공정, 불의, 불안, 불통, 불신 등 우리 사회의 큰 불을 꺼야 한다. 99대 1의 불평등과 한국사회의 절망을 치유할 마스터플랜을 만들 것"이라고 했다. 또한 "4차 산업혁명이 진행되면서 생산 속도가 빨라지는 한편 불평등과 불균형이 빠르게 퍼져나갈 수 있다. 그럴수록 사람이 중심이 되고 지속 가능한 미래를 만들기 위해 사람만이 가질 수 있는 가치를 회복해야 한다"라고 강조했다.

국내외 경제전문 기관이나 전문가들 역시 한국 경제의 위기가 더욱 심화될 것으로 전망하고 있다. 조선업의 위기는 거제와 울산의 지역경제와 시민생활 서비스 수요의 급격한 위축으로 이어지고 있다. 중국의 기술 산업의 발전 속도에 국내 자동차 산업과 IT 업체들도 위기 경영을 선포하고 있다. 이러한 위기 국면에서 지역에 순환되는 부가가치를 생산하며 지역고용과 재투자를 이룰 주체는 누구일까?

일반적인 기업처럼 사회적경제 기업들도 커뮤니티의 수요에 대응하여 제품이나 서비스를 제공한다. 동시에 노동시장에서 배제되기 쉬운 계층에 우호적으로 고용을 창출하고, 지역에 순환되는 부가가치를 생산하여 재투자하는 방식으로 사회문제를 해결한다.

주주가 경제적 권한 대부분을 행사하는 투자자 소유 기업과 달리, 협동조합이나 사회적기업과 같은 사회적경제 기업들은 출자자뿐 아니라 경영자, 노동자, 소비자, 공익적 수혜자 등 다양한 이해관계자들이 공동 소유하는 소유의 혁신을 이룬 기업이다. 사회적경제 기업은 주식회사처럼 '1주 1표'가 아니라 '1인 1표'의 권한을 행사할 수 있는 사람을 존중하는 의결구조를 가진다. 즉 사회적경제는 99%의 서민과 중산층이 주도적으로 기업 설립과 경영에 참여하면서, 그 힘으로 경제 전체의 성장을 이끄는 분수경제 전략을 지향한다. 바로 이 점이 국내에서 재벌기업과 임대소득자들을 살찌운 기존의 낙수경제와 차별화되는 점이다.

고성장·고소비 시대에서 저성장·안심생활경제로

소득 양극화와 저성장기 대책은 이제 진보, 보수를 가리지 않고 한국의 모든 경제 · 사회 주체들의 문제가 되었다. 그러나 해결방식에 있어서는 큰 차이를 보이고 있다. 세계경제가 대불황을 겪으며 지난 수십 년간 수출 주도 성장을 이룩한 한국경제 역시 침체 국면을 맞았다. 그리고 한국경제는 이를 정면승부로 맞서기보다 부채 주도 성장으로 위기를 모면해왔다. 그러나 급격하게 늘어난 가계 빚으로 인해 국민경제 전체가 심각한 위협에 놓여 있다.

높은 경제성장률과 고용률, 그리고 고금리 시대를 살아온 세대들은 많이 벌어 많이 쓰는 고성장기에 익숙한 직업윤리를 갖고 있다. 그러나 3포 세대라고 불리는 오늘날의 청년세대도 이러한 경제 활동이 가능할까? 그것은 꿈에 지나지 않는다. 저성장 시대 시민들이 취할 수 있는 생활 방식은 적게 벌고 적게 쓰면서도 품격 있는 노동과 생활이 가능한 경제활동에 참여하는 것이다.

서울의 성미산마을은 바로 이러한 맥락에서 주목을 받았다. 성미산마을은 치솟는 전세가에 대응하기 위해 사회주택협동조합을 만들어 주거부담을 완화하는 동시에 여유 공간에 청년을 위한 저가 임대 공간을 마련했다. 또한 자녀양육을 함께 고민하는 공동육아와 대안학교를 운영하며 안정적인 파트타임 일자리를 필요로 하는 엄마들에게 마을밥상이나 재사용가게, 마을카페와 같은 공간을 운영할 소비자협동조합을 만들어 자기고용을 실천하고 있다. 소비생협은 유기농 먹거리를 공급하고, 의료복지 사회적협동조합을 통해 동네 주치의와 함께 주민의 건강을 효과적으로 돌보고 있다. 1990년대 초반부터 실천해온 경험을 바탕으로 성미산마을 주민들은 수익금을 모아 상포계와 지역금융 설립을 모색하고 있다. 상호거래망을 통해 지역 청년들이 새로운 동네 기업을 창업할 수 있도록 돕고, 지역 내 소상공인들과도 상생하기 위해 노력하고 있다.

성미산마을은 자본출자나 고액의 서비스 이용료 부담이 가능한 중산층과 지식인들을 주축으로 시작되었다. 앞으로 좀 더 다양한 지역에서 다양한 계층이 참여하면서 이와 같은 지역경제의 실험이 계속된다면 '걸어서 30분, 지역에 필요한 일거리를 통해 공헌하는 일자리'가 더 많이 증가할 것이다. 그리고 그것이 가능해진다면 참여하는 시민들의 소득보장은 물론 시민안전망이 작동하는 지역사회로 거듭나게 될 것이다. 한마디로 시민의 생활경제를 안정시키는 토대가 튼튼해지는 것이다.

사회적경제 기업의 특성과 현황

우리나라 사회적경제를 구성하는 대표적 조직으로는 사회적기업, 자활기업, 마을기업, 협동조합 등을 꼽을 수 있다. 기업 유형의 차이는 설립자 특성, 지역 범주, 법인격 특성 등에 의한 것이다. 자활기업은 국민기초생활보장제도 상의 수급자나 차상위소득 가구원 2인 이상이 설립한 기업으로 설립자 특성에 의해 규정된다. 마을기업은 마을주민이 주도하여 지역 발전에 기여한다는 점에서 설립자 특성과 지역 특성이 중첩되어 있다. 협동조합은 특정한 법인격을 취한다. 제품 및 서비스의 생산과 판매 행위를 하고 경제 활동에 적극적으로 참여한다는 점에서 영리기업과도 유사한 점이 있다. 하지만 공익을 추구하고 기업 활동을 통해서 사회적 또는 공동체 문제를 해결한다는 점에서 일반 영리기업과 다르다.

사회적경제의 특성을 표현하는 방법으로는 사회적경제가 포괄하는 다양한 조직들의 공통점을 강조하는 방법이 있다. 유럽연합과 국내 관련 법률 제정 시 고려했던 사회적경제의 고유한 특성은 다음과 같다.

- 조직 설립의 일차적인 목적은 조직 구성원 혹은 지역사회의 필요에 대응하는 것이다.
- 공공기관으로부터 의사결정을 통제받지 않는 경영의 자율성을 확보한다.
- 구성원에 의해 민주적으로 통제한다.
- 경제적 지속 가능성을 추구하나 잉여 배당은 제한하고 기업에 재투자된다.
- 폐업 또는 매각 시 잔여 재산은 유사 목적을 공유하는 조직에 귀속된다.

조직 설립의 목적이 공익적 기여에 있다는 것은 사회적경제 조직의 경제 활동이 투자된 자본에 대한 재정적 보상의 도구가 아니라는 점을 의미한다. 경제 활동을 통해 발생한 이익은 구성원 또는 지역사회에 필요한 재화의 지속적 공급을 위한 재투자 수단이지 이익 자체가 목적이 아닌 것이다.

한편 경영의 자율성은 사회적경제를 공공 부문과 구분하는 주요 요소다. 따라서 사회적경제 기업에서는 1주 1표가 아닌 1인 1표의 원리에 따라 다양한 이해관계자가 민주적으로 경영에 참여하고 통제하는 방식을 채택한다. 마지막 특성은 첫 번째 특성과 연결되는데, 사회적경제 기업의 경우 수익을 개인이나 기업이 자산화하기보다 노동자에게 배당하고, 공익목적사업을 위해 적립하거나 재투자하는 등 다양한 실천 방안들이 모색되고 있음을 설명해준다.

사회적경제가 전체 경제에서 차지하는 비중을 일자리 중심으로 평가해보자. 넓은 개념에 입각하여 취업자 규모를 추정해보면 유럽연합에서 2003년 기준, 사회적경제의 비중은 6.8% 수준이다(이철선 외, 2012 : 150). 이는 협동조합과 공제조합 그리고 협회나 사단법인 등의 결사체를 모두 포괄한 것이다. 프랑스는 9.1%, 이탈리아는 8.3%이며 스페인과 영국은

6.1~6.2% 수준이다.

우리나라에서 제3부문에 취업한 이들의 비중은 2006년 기준, 143만 명으로 추정되며 이는 전체 취업자의 9.3%에 해당한다.[2] 이 규모는 2006년 대분류 산업 취업자들을 비교할 때 제조업, 도소매업, 숙박음식업, 사업서비스업, 교육서비스업을 제외한 모든 산업의 취업자 수보다 더 큰 규모다. 특히 제3부문은 우리 경제의 고용 창출이 부진해진 1990년대 후반 이후 빠르게 증가해왔다.

좁은 의미의 사회적경제 조직은 2000년대 이후 우리 사회에서 급성장했다. 인증 사회적기업은 사회적기업진흥원이 관리하고 있으며, 2016년 8월 기준 1,578개가 존재한다. 협동조합은 협동조합 기본법 제정 이후 급격히 증가하여 2016년 8월 9,885개로 그중 일반협동조합이 95%, 사회적협동조합이 5%를 차지한다. 업종은 도소매업, 교육서비스업, 농림어업이 차지하는 비율이 50%에 달한다. 자활기업은 2015년 말 기준 1,339개로 집수리, 청소, 외식사업에 주로 분포돼 있고, 마을기업은 2013년 말 기준 1,119개로 집계되었다.

서울시 사회적경제의 종합지도

지난 2011년 말부터 서울시와 사회적경제 리더들은 사회적경제 활성화를 위한 생태계 조성을 공동 목표로 정하고 이를 뒷받침하는 사람, 자조기반, 자본, 시장이라는 네 개의 기둥이 튼튼히 세워질 수 있도록 새로운 정책을 개발해 왔다.

이러한 노력의 결과로 2016년 7월 말 서울시 사회적경제 기업[3]은 3,318개로 늘어났다. 이는 2011년 718개에서 5년 사이에 4배 이상의 성장을 보인 수치다. 결국 현재 서울에 있는 사회적경제 기업의 78%가 신생 기업임을 의미한다.

이러한 양적 성장은 2012년 말 제정된 협동조합기본법에 따라 새로 만들어진 협동조합 2,200여 개 덕분이다. 이렇게 신규 창업된 기업의 수는 지난 3년간 설립된 서울시 전체 신설 법인의 2.7%에 해당한다.[4]

마포 · 영등포에서 강남으로 협동조합 설립 확대

2015년 하반기부터 협동조합 설립은 다소 주춤해졌으나 매월 30~40개씩 꾸준히 설립되고 있다. 특히 신생 협동조합이 늘어나면서 사회적경제 기업 분포도에 큰 변화가 나타나고 있다. 전통적 사회적경제 밀집 지역이던 마포 · 영등포 외에 강남 · 서초 · 송파가 최대 설립 지역이 되었다. 참여 계층의 폭도 넓어져 자영업자, 택시기사 등 직업군이 다양해지며 사회적경제 기업의 대중화에도 기여하고 있다.

사회적경제 기업들이 만들어낸 핵심적인 경제사회적 가치를 측정하면 연매출 약 1조 4,600억 원, 총 고용 약 1만 7,900명이다. 이를 최근 7년 내 창업한 서울 시내 일반 기업체들과 비교하면 기업 당 평균 매출은 21% 수준으로 아직 미흡하나

서울시 사회적경제 기업 현황

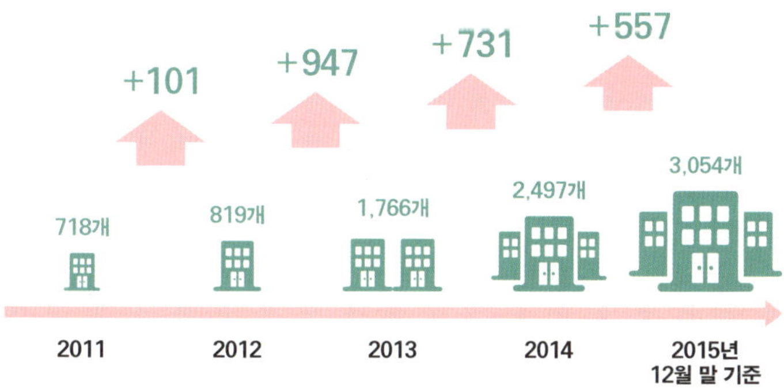

기업 당 평균 고용은 93% 수준이다.[5]

사회적경제 기업은 수적 증가뿐 아니라 기업 당 평균 매출과 고용 창출 면에서도 꾸준한 성장세를 보이고 있다. 실가동률 64%를 적용하여 2011년과 2015년의 사회적경제 기업들의 성과를 비교해보면 매출은 100%, 고용은 46% 증가했다.

이를 사회적경제 기업 유형별로 살펴보면 2015년 총 매출은 (예비)사회적기업이 48%(평균 16억 원), 소비자생활협동조합이 24%(평균 103억 원), 신생 협동조합이 25%(평균 3억 원)를 차지한다. 기업 유형 간의 격차가 매우 큰 상태다. 자활기업이 차지하는 비율은 2%(평균 1.3억 원)로 아직 매출 규모는 작지만 생계비 수급자들의 자활 기반을 만들어나가고 있다.

고용창출력에서도 (예비)사회적기업이 총 고용의 46.5%를 차지하고, 기업 수가 가장 많은 신생 협동조합이 36.4%, 역사가 가장 긴 소비자생활협동조합이 8.2%를 차지한다. 사회적기업의 고용 기여도가 높은 곳은 취약층 고용을 목적으로 설립된 사회적기업이 다수인데, 이는 인건비 지원이 종료된 이후에도 영업활동을 통해 62%의 지속 고용률을 유지한 결과다.

고용의 양뿐만 아니라 질적 성과도 보인다. 사회적경제 기업의 임금 수준은 2014년도 도시근로자 평균 급여(월 264만 원) 대비, 평균 65% 수준이다. 그러나 취약계층의 경우에는 이전에 거둔 소득이나 동종업종 영리기업 급여와 대비해 120% 향상 효과를 보이고, 사회보험가입에서도 월등히 좋은 근로조건을 보이고 있다. 또한 한국노동연구원 김현종 박사의 연구 결과에 따르면 사회적기업과 협동조합에서 자율과 권한, 민주적 운영과 협력 문화, 공정성 지표에서 높은 만족도를 보이고, 특히 취약계층 근로자의 만족도가 좀 더 높게 나타났다.

2014년 말 서울시 전체 경제규모에서 사회적경제의 비중을 분석해보면 서울시 GRDP(지역내총생산)의 0.4%, 지역고용 기여도 0.4% 수준을 보이고 있다.[6] 서울시 사회적경제 정책지표에 따르면 2020년까지 GRDP 1.5%, 전체 고용의 4% 달성을 목표로 2015년 말까지 GRDP 0.3%, 전체 고용의 1.6%를 달성해야 했던 바, 매출은 목표를 충족한 반면 고용률에서는 목표에 다소 못 미쳤다.

서울시 사회적경제의 성과는 사회적경제의 역사가 170여 년 된 퀘벡과 비교해도 손색이 없다. 2014년 말 인구 900만 명의 퀘벡에는 7,000여 개의 사회적경제 기업이 지역 고용의 4%(15만 명)를 책임지고, 이중 절반에 달하는 협동조합의 연매출이 3,340만 달러에 달한다.

한편 서울시 사회적경제 기업의 창업 5년 후 생존율이 62%인 반면 영리기업은 35%이고, 10년 후 생존율은 사회적경제 기업이 44%인 데 반해 영리기업은 20%에 불과해 사회적경제 기업이 영리기업보다 높은 생존율[7]을 보이고 있다.

서울 사회적경제 기업의 시민 참여도에 관한 2015년 조사를 살펴보면 사회적경제 기업 출자자는 79만 2,000명이고, 총 출자금은 1,650여억 원으로 추정된다. 사회적경제 조직에 참여하는 자원봉사자는 약 8,900여 명이고, 연간 약 170억 원이 사회적 목적으로 지역사회에 재투자되는 것으로 추정된다. 특히 소비생활협동조합의 경우 2011년 이후 연평균 6%씩 꾸준히 성장하여 2015년 말 조합원이 약 41만 세대에 달해 서울 전체 363만 가구의 약 11%를 차지하고 있다.

2011년과 비교할 때 2016년 7월 말 서울의 사회적경제 기업은 4배 이상 증가했다. 이는 박원순 시장의 '채무 7조 원 상환을 위한 예산 절감' 정책 아래 이룬 성과다. 매년 10%씩 감액되는 예산으로 기업 지원과 인프라 조성까지 동시에 추진한 것이다. 또한 2012년부터 2015년까지 서울시 사회적경제 정책예산은 총 1,319억 원이었는데, 사회적경제 기업들은 이러한 직 · 간접적 지원 예산을 활용하여 총 3조 1,390억 원의 누적 매출을 달성하고 1만 5,800명의 고용을 창출하는 성과를 보였다.

서울연구원에서 조사한 사회적경제의 정책 효과 분석 결과[8]를 보면 생태계조성 정책 추진 이후 사회적기업의 경제 · 사회 성과가 큰 폭으로 상승한 것으로 나타났다. 즉 2012년도에는 사회적기업의 사회성과지수가 2.8에 그친 반면, 2016년에는 재정 지원 대비 12.9배의 사회적 가치를 창출하는 것으로 평가되었다. 생태계 조성을 우선시하는 지원 정책의 변화 이후 사회적 성과 창출이 증가한 것이다.

사회적경제 정책의 판도를 바꾸다

2010년 사회적기업 육성법 개정 이후 지방자치단체의 참여가 증가하면서 서울시를 시작으로 전국의 광역 및 기초 지자체에서 지역형 사회적기업 육성 조례 및 정책을 추진하였다. 그러나 서울시의 경우 2012년까지 1,000개의 서울형 사회적기업을 새로 지정하고 2년간 인건비를 지원하는 무리한 양적 확충으로 유사 사회적기업이 급조되는 현상이 일어났다. 이들 가운데 32.5%가 중도 탈락하면서 사회적 불신이 커지고 취약계층의 회전문 고용 상황이 발생하는 문제가 나타났다.

중소기업이나 자영업 경영이 쉽지 않은 우리나라 현실에서 신생 소기업에 속하는 사회적기업들이 지속 가능한 환경을 마련하기는 어렵다. 그래서 서울형 사회적기업에 대한 2년간의 지원이 끝난 뒤 사업을 중단하는 조직들이 늘어났고, 이는 사회적기업에 대한 불신으로 이어졌다. 박원순 시장의 사회적경제 정책은 이러한 환경에서 시작했기에 행정과 시의회, 그리고 현장의 우려를 불식시킬 대안이 필요했다.

2011년 12월 이후 서울시 사회적경제 지원 방식의 변화

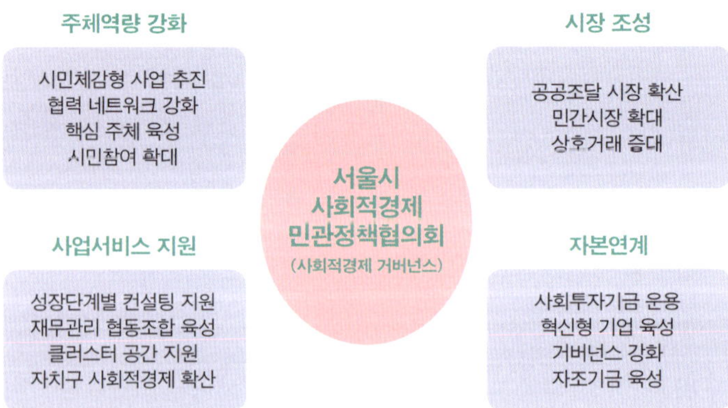

2011년 11월 30일 서울시장 보궐선거에서 당선된 박원순 시장이 참여한 '사회적기업 청책'을 계기로 사회적경제 진영에서 새로운 정책패러다임을 제시하였다. 서울형 사회적경제의 육성 목표를 서울시민이 주도하고 민주적으로 참여하여 지역경제를 활성화하는 데 두었다. 그리고 다양한 지역자원과의 연계를 통해 지속 가능성을 확보하는 것으로 설정했다. 또한 사회적경제를 발전시키기 위한 생태계를 조성하는 데 있어서 네 개의 공유자원망을 세우기로 했다. 이때 네 개의 기둥은 경제 활동의 필수 요소인 인재양성, 사업 지원 협동플랫폼, 사회금융, 판로를 의미한다.

그리고 민과 관이 협력하며 추진하는 거버넌스 구조를 통해 이 약속을 이행하기로 합의했다. 그 결과 2012년 7월 '서울시 사회적 경제 정책기획단(현 서울시 사회적경제 민관정책협의회)'이라는 거버넌스 구조를 만들 수 있었다. 이 기구를 통해 서울시 사회적경제 정책을 민관 '공동수립 · 공동집행 · 공동책임'지는 모습을 보이고 있으며, 이 방식은 전국적으로 확산되었다. '서울시 사회적경제 정책기획단'에서는 서울시 사회적경제 활성화 10대 과제 및 정책지표를 합의하고, 논의를 통해 공론화하였다.

민선5기 서울 사회적경제 10대 과제 및 정책지표

영역	세부과제
기반 조성	1. 공공시장 등의 활성화
	2. 사회적금융의 기반조성
	3. 사회적기업가 등 인재육성
	4. 인큐베이팅 등 공간 인프라 조성
	5. 광역 및 기초 지원 인프라 조성
발굴 및 성장 지원	6. 유형별 · 의제별 발굴 및 성장 지원 사업
제도와 거버넌스	7. 사회적경제 부문을 위한 육성 및 지원 제도 도입
	8. 협치적 거버넌스 구축
네트워크와 전략적 공동사업	9. 지역 · 업종 · 부문 단위 네트워크 활성화
	10. 전략적 공동사업

▶ 출처 : 서울시사회적경제정책협의회(2012.9.)

2014년 민선 6기 지방선거에서 재임한 박원순 서울시장뿐 아니라 서울시교육청, 25개 자치구청장 및 시 · 구의원 상당수가 사회적경제를 통한 지역 활성화를 약속하는 선거공약을 제시하였고, 이를 실현하는 다양한 정책을 집행하고 있다.

CHAPTER 3

사회적경제

'포용적 성장'의 서울시 사회적경제

지역의 골칫거리가 일자리로

서울시 사회적경제는 아직 초기 단계다. 사회적 경제가 자리 잡기 위해서는 시민들이 피부로 가장 많이 느끼는 문제를 우선적으로 해결해야 한다. 서울시 사회적경제 민관정책협의회에서는 바로 이런 문제들을 찾아내고, 그중 사회적경제가 해결할 수 있는 분야를 발굴하여 전략적으로 지원하므로써 기업들이 공동으로 사업할 수 있는 환경을 조성하였다. 그 결과 사회주택의 건설 및 공동주택의 주거관리 분야, 믿고 맡길 수 있는 아동보육 분야, 지역을 기반으로 한 어르신 돌봄 분야 등에서 혁신적인 사업 모델을 개발하고, 협업을 통해 문제를 해결하기 위해 노력 중이다.

2015년 서울연구원에서는 서울시민의 생활경제 핵심이슈[9]를 조사한 바 있다. 그 결과 관심도와 중요도가 높은 분야로 주거, 복지, 청년실업이 선정되었는데 공교롭게도 지난 5년간 서울시 사회적경제는 해당 3개 분야에서 가장 두드러진 성과를 보이며 서울시민들의 삶을 개선해왔다. 주거 분야의 경우 이미 공동체주택 359가구를 공급하여 주거 안정에 기여했으며, 복지 분야에서는 서울시 사회적경제의 10%에 달하는 관련 기업들이 연간 100만 명에 달하는 취약계층에게 사회서비스를 제공해왔다.

대도시 시민들의 가장 큰 생활문제인 주거 분야의 경우 서울은 타 시도에 비해 그 문제가 매우 심각한 상황이다. 2012년 주거실태 조사 결과 서울시 가구의 전체 소득에서 임대료가 차지하는 비율은 25.5%로 전국 평균인 19.8%를 크게 상회하는 것으로 나타났다. 서울시민들은 공유주택 등을 통해 주거비 부담을 완화하고, 안정적인 생활 공간을 확보하고자 하는 욕구가 더욱 늘어나게 되었다. 이에 사회적경제 기업들은 지난 5년간 공동체주택 359가구를 건설 · 임대 · 관리했던 경험을 바탕으로 2015년 사회주택협회를 창립했다. 그리고 서울시 공공임대주택 8만 호 공급목표를 수립하는 과정에서

서울시 사회적경제 사회주택분야 추진 전략

민간임대주택의 15%에 해당하는 3,000호를 사회적경제 방식의 공동체 주택으로 공급하는 목표를 세웠다. 그리고 서울시와 서울주택도시공사, 생활협동조합 등과 공동으로 공동체 주택의 보급 및 확산을 위한 협약을 체결했다. 이와 같이 서울시민의 주거를 안정시키기 위하여 다양한 노력을 기울이고 있다.

뿐만 아니라 서울시에서는 사회주택이 안정적으로 건설될 수 있도록 사회투자기금에 사회주택 건설기금을 추가 출연해 일곱 채의 공동체 주택을 추가로 건설하는 데 기여하였다. 또한 최근에는 서울 소재 사회적기업이 주도해 '협동조합형 뉴스테이 모델'을 준비하고 있다. 이 주택이 완공되는 2019년이 되면 우선 500세대에 달하는 다양한 계층의 주거가 안정될 것이다. 더불어 입주민들이 설립한 사회적경제 기업이 아파트에서 소비하는 주요 생활재를 생산 및 공급하면서 취약계층의 일자리까지 마련되는 공동주택형 선순환 구조가 만들어질 것이다.

돌봄 분야의 경우, 아동학대 등 최근 보육시설에서 발생하는 사건 · 사고로 인한 불안감이 커지면서 공공이 책임지고 부모가 운영에 참여하는 국공립 보육시설에 대한 수요가 많이 늘어나고 있다. 이에 서울시는 2015년 3월, 2018년까지 확충 계획인 국공립어린이집 1,000곳 중 10%에 해당하는 100곳을 사회적경제와 협력하여 설립하고 운영하는 계획을 수립하였다.

사회적경제 영역에서는 서울시 사회적경제 민관정책협의회에 아이 돌봄 분과를 설치하여 지속 가능한 사회적경제 돌봄 시스템을 만들기 위한 네트워크를 각 지역별로 구성하였고, 사회적경제의 강점인 호혜와 연대, 신뢰로 운영되는 새로운 공공어린이집 모델을 개발하여 설립을 지원하고 있다. 또한 대표적인 생활협동조합인 한살림서울과 행복중심동북생협에서 각각 강동구와 노원구의 국공립 어린이집을 신규로 수탁해 운영 중이다. 한 발 더 나아가 북서울신용협동조합은 신협에서 부지를 매입하여 시민과 공공이 협력하는 새로운 국공립어린이집 모델인 '서울형 카라박 프로젝트' 돌봄사업을 준비하고 있다.

청년 일자리 창출을 위한 창업팀 육성

지식산업 위주로 산업구조가 변화하고 경기침체가 지속되면서 20대 고용률이 지속적으로 하락하고 있다. 다채로운 고용구조에 대응할 수 있는 새로운 청년 일자리 해법이 필요한 상황인 것이다. 이에 서울시에 소재한 사회적기업 인큐베이팅 기관에서는 2011년부터 고용노동부 사회적기업진흥원의 사회적기업가 육성사업을 통해 514개 청년 창업팀을 육성하여 20대 고용문제의 새로운 해법을 제시하며 대안을 만들어가고 있다. 서울시 사회적경제지원센터에서는 사회적경제 아이디어 대회인 위키서울을 통해 4년간 166개 실행팀을 선정하여 이중 약 30%가 창업에 참여할 수 있게 지원하였다. '열린옷장', '크리에이트립', '비영리IT지원센터', '내일의 커피', '모두다' 등 다양한 위키서울 실행팀이 지금도 활발한 활동을 이어가고 있다.

위키서울은 새로운 사회혁신 아이디어를 가진 사람들의 아이디어가 성공적으로 사업화될 수 있도록 창업 전 시범적으로 시뮬레이션 해보는 지원 프로그램이다. 또한 시민들이 자발적으로 참여하고 함께 협력하여 생활 속 크고 작은 문제를 해결하는 도전의 장이다. 사회적경제 조직 활성화를 목표로 2012년 시작된 위키서울은 2015년까지 총 1,845개의 시민 아이디어가 위키서울 홈페이지를 통해 등록되었고, 그중 심사를 거쳐 166개 아이디어가 실현되었다.

시민기업들의 협동으로 100년 기업 만들기

사회적경제 기업은 사회적 목적을 실현하거나 공동체의 필요를 충족하기 위해 만들었다. 장애인의 일자리를 만들기 위해 복사용지를 생산하는 사회적기업 '리드릭', 주민들의 소통과 마을공동체 활성화를 위해 만든 마을 카페 '우리동네 나무그늘', 수산물 공동구매로 유통혁신을 이룬 '한바다협동조합' 등이 그 예다. 그러나 시장과 정부가 해결하지 못한 사회문제를 개별 기업이 감당하는 것은 버거울 수밖에 없다. 그래서 다양한 지역주체 간 협동과 연대를 통해 대응책을 마련해야 한다. 캐나다 퀘벡, 이탈리아 볼로냐 등 사회적경제가 발달한 해외 사례를 살펴봐도 지역주체 간 협동과 연대는 사회적경제 기업의 생존에 필수 요소였다.

사회적기업 '함께일하는세상'은 원래 청소 전문 기업이었다. 사업 수주를 위해 공공기관 관계자를 만나다 보니 청소뿐만 아니라 공공기관의 다양한 수요를 알게 되었고, 동료 사회적기업들과 이러한 공공시장 정보를 공유하고 그들의 경험을 나누며 공공시장에 함께 진입했다. 결국에는 서울시와 함께 공공구매의 사회적 책임을 높이는 '공공구매 영업지원단'을 운영하며 그 경험을 바탕으로 본격적으로 사회적경제 상품과 서비스를 공공기관과 연결하는 공공시장마케팅 전문기업으로서 성장해가고 있다. 사회적경제 기업을 돕는 사회적기업이 된 셈이다.

기업 간 협력사업을 추진하고 공동 상품과 서비스를 만드는 일은 시장에서의 경쟁력을 높일 뿐 아니라 사회적경제 기업이 해결하고자 하는 사회문제를 보다 규모 있게 해결할 수 있도록 해준다. 친환경 제품을 생산하는 사회적경제 기업들은 '업사이클디자인협회'를 만들어 캠페인, 전시, 소재 개발,

인프라 구축 등 공동사업을 펼치며 자원 순환의 중요성을 알리고 재미있는 자원 재활용 방법과 친환경 녹색 소비 인식을 확산시키고 있다. 또 원조가 아니라 거래를 통해 제3세계 빈곤문제를 해결하는 공정무역 기업들도 협의회를 만들어 '세계 공정무역의 날'과 같은 공동 행사와 캠페인을 펼치며 소셜미션을 수행해가고 있다. 이러한 사회적경제 기업들의 공동 캠페인은 개별 기업의 판촉 · 마케팅 효과로 직결되어 기업 상품의 인지도와 브랜드 가치를 상승시키며 일석이조의 효과를 만든다.

경쟁이 아니라 협동을 통해서 시장 경쟁력을 갖추려면 시민들의 참여, 그리고 사회적자본과 공유자원망 구축이 필수적이다. 신뢰를 핵심으로 하는 사회적자본과 기술, 공간 등 공동의 자원망이 충실할수록 지역의 문제해결을 위한 창업과 성장이 용이하다. 지역주체들의 창업 욕구가 더욱 높아지고 성장에 필요한 기술과 자본, 눈에 보이지 않는 노하우까지 공유되면서 지속 가능성이 커지기 때문이다.

서울시는 몬드라곤 협동조합 등에서 시도해온 협동의 네 기둥을 구축하는 사업을 통해 기업 간 협력을 지원하고 협동의 경험을 확장하고 있다. '사회적경제 인재 양성', '사업서비스

지원', '협동사업 지원', '사회적금융 확대'가 바로 사회적경제 기업의 자조 · 자립 역량을 높이기 위한 네가지 기둥이다.

이러한 노력의 성과로 920여 개 기업이 협동네트워크에 참여하고 있으며, 20개의 협동 공간 등 공유 자산과 자조기금 44억 5,000만 원이 조성되어 서울시 사회적경제 기업의 기반이 한층 확장되었다.

서울시 사회적경제 협동경제 기반조성 성과

공동 사업 활성화

- 4대 생협 등 매장 활용 공동 마켓 운영(60개 기업 참여)
- 협동화 사업을 통한 협력사업 확대(155개 기업 참여)
- 선발 기업의 자원 활용한 후 후발 기업 지원(14개 기업 참여)

공동 인프라 구축

- 11개 자치구 협동단지 조성
- 도시재생 지역 등 거점 공간 운영(5개 지역)
- 사회적경제 마켓 협력 운영

협력 네트워크 조직

- 부문협의체 회원 조직화율 점증(사회적기업 29%, 협동조합 14%, 마을기업 30%, 자활기업 29%)
- 업종 · 의제별 협의체의 성장(업사이클 디자인, 공정무역, 공정여행, 노동자협동조합, 시민시장, 사회주택 등)

자조기금 조성

- 사회혁신기금 : 2.5억 원, 78개 기업 참여
- SE연대공제기금 : 11억 원, 서울 소재 41개 기업 참여
- 서울시 사회투자기금 557억 원 중 31억 원 민간 조성

협동이 샘솟는 우리동네 우물가 '협업화단지'

2013년 3월 문을 연 은평 사회적경제 허브센터는 공유 공간 조성을 통해 지역 협력을 제고하고자 한 첫 사례다. 성장기와 창업기 기업이 함께 입주하여 시너지 효과를 내는 은평 사회적경제 허브센터에는 교육 관련 사회적기업 6개가 모여 토요학교 및 자유학기제에 대응하는 프로그램을 개발하고 '은평상상학교'를 브랜드화했다. 그리고 은평혁신교육지구 사업과 같은 교육콘텐츠 개발 분야에서도 협력을 모색하고 있다. 또 다른 입주기업인 '마을무지개'는 케이터링사업을 시작할 때 클러스터 입주기업을 대상으로 점심을 제공하며 초기 비용을 마련했다. 여기에 동료들의 음식에 대한 피드백이 큰 도움이 되어 200~300명 규모 사업도 가능한 기업으로 성장하였다.

서울시는 이러한 공동 사업 공간과 자금을 조성하여 공유자원을 지속적으로 확대해가고 있다. 11개 자치구[10]에 연면적 6,000m² 규모로 협동단지를 조성했는데, 이곳에 73개 사회적경제 기업과 지원 기관이 입주하며 협동 거점이 조성되었다. 이외에도 창신숭인, 장위동, 성수, 마포석유비축기지, 세운상가 등 도시재생 지역에 사회적경제 기업들과 주민 간의 협업 및 생활기술작업장이 조성되었다.

서울시 사회적경제 협동단지 조성 현황

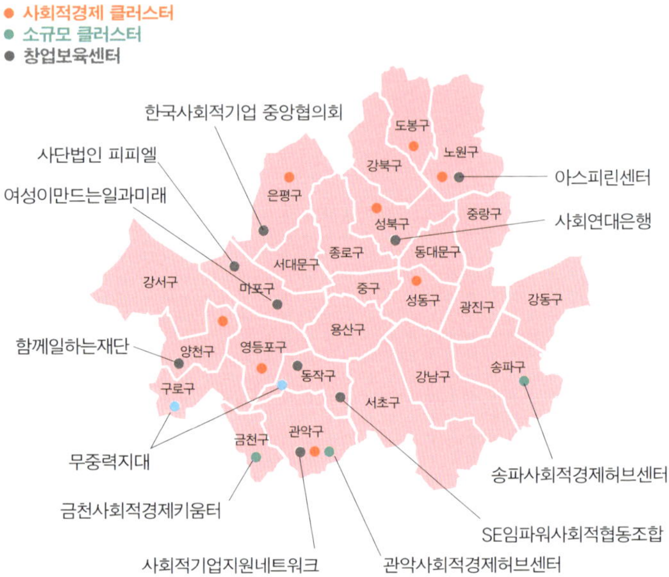

기업의 성장 단계별 맞춤형 지원 제도 개발

서울의 사회적경제는 각기 다른 성장 단계와 규모의 기업들이 활동하고 있다. 제도 도입 10년 차를 맞은 사회적기업들은 평균 연매출 24억 원 규모로 성장했고, 다양한 시민들의 참여 속에 협동조합, 마을기업, 소셜벤처 등 신생 조직들이 한해 700여 개씩 꾸준히 생겨나고 있다.

성장 단계마다 기업이 필요로 하는 지원 내용은 제각기 다르다. 사업이 본격화되지 않은 기업들은 최소한의 비용으로 동업자들과 함께 사업을 시작해볼 수 있는 공간에 대한 수요가 크다. 반면 제품 출시 단계 기업들은 사회적 가치에 우호적인 판매망에 접근하고자 하는 요구가 커지고, 사업 성장기 기업들은 이를 뒷받침할 수 있는 자금 조달에 목말라 한다. 서울시는 이처럼 다른 문제들과 씨름하는 다양한 수준의 사회적경제 조직들을 위해 성장 단계별 맞춤형 지원 제도를 개발하였다.

신생 기업 회계 업무 지원하는 '회계지원단'

우선 신생 기업은 회계 전담인력을 두기 어렵고, 매출이 불규칙해서 회계나 세무 처리에 어려움을 겪는다. 서울시 사회적경제지원센터는 이런 신생 조직들을 위해 경력단절 여성 등 회계사무원 10여 명으로 구성된 '회계지원단'을 운영하고 있다. 여성인력개발센터에서 사회적경제와 세무회계 교육 과정을 이수한 여성들을 뉴딜 일자리 회계사무원으로 선발해 직무훈련 기회를 제공한다. 일정 기간이 지나면 한 사람이 10여 개 기업을 대상으로 장부정리, 원천세 · 부가세 신고, 급여 및 사회보험 등 업무를 처리할 수 있게 되는데, 이를 통해 연간 100여 개 신생 기업을 지원하고 있다. 설립 3년 미만이고 연 매출 2억 원 이내의 사회적경제 기업이라면 신청을 통해 지원받을 수 있다.

기업이 성장기로 들어서면 거래 규모 증가, 신규 시장 진출, 자산 취득, 투자 유치 등 기존 경험의 범위를 뛰어넘는 의사 결정이 연속되는데 그 과정에서 규제사항 검토 등 법무 리스크 관리의 필요성이 증가하게 된다. 이들을 위해 사회적경제 분야에 전문성을 갖춘 변호사 그룹으로 사회적경제 법센터를 구성해 상시 법률 자문을 받을 수 있게 지원하고 있다. 성장기 사회적경제 기업이라면 연간 10시간까지 무료 자문을 받을 수 있다.

영업 비밀까지 나눈다 '피어 컨설팅'

신생기업에게 가장 도움이 되는 조언자는 그 기업이 풀어야 하는 문제를 최근 성공적으로 해결해본 경험이 있는 유사 분야 기업가다. '피어 컨설팅(Peer Consulting)'은 사회적경제 선배 기업가들이 유사 업종이나 같은 미션을 추구하는 신생 기업들에게 자신들의 노하우와 관계망을 제공하여 시작 단계의 시행착오를 줄이고 성장해갈 수 있도록 돕는 사업이다. 이를 통해 영업에 필요한 지식뿐 아니라 조직 운영, 갈등 관리 등 리더가 갖춰야 할 기본 역량까지 향상시킬 수 있다.

또한 해피브릿지협동조합, 아름다운가게 등 규모화된 사회적경제 기업들이 자신들이 보유한 물류, 매장, 전문인력 등 유·무형의 자원을 동일 업종의 후발기업들과 공유함으로써 사업적 도움을 주고 있다. 일시적 지원이 아닌 지속 가능한 비즈니스 네트워크를 구축하여 사회적경제를 규모화하고 민간의 자조기반을 확충할 수 있는 값진 시도다.

'전문컨설팅'으로 사회적경제 기업의 한계를 넘다

현재 사회적경제 기업들은 대부분 소규모 인력으로 운영되고 있어 다양한 전문 역량을 보유하기 어렵다. 따라서 시장의 주요한 사업자들이 지금 활용하고 있는 전문 역량을 사회적경제 영역에 공급하고 원활하게 연결해주는 것이 필요하다. 전문컨설팅 서비스를 통해 전문 역량이 필요한 기업의 수요를 해소해주는 것이다.

전문컨설팅은 기업의 현 상태를 진단하고 과제를 도출하는 진단 컨설팅을 하면서 사업 계획에 대한 타당성을 검토해 사회적경제 조직이 제한된 조건에서 합리적인 선택을 할 수 있도록 지원한다. 아울러 신제품 개발 리서치, 매장 디스플레이 개선 컨설팅(VMD 컨설팅), IT 기반 고객관계관리(CRM) 컨설팅 등 경영 개선 효과를 볼 수 있는 지원을 하고 있다.

지역 밀착형 매장 디스플레이 'VMD 컨설팅'

지역에서 매장을 운영하는 사회적경제 조직은 인테리어, 상품 배치, 소비자 매장 유입 편의성 등에서 일반 프랜차이즈 매장에 비해 매력도가 떨어진다. 그렇다 보니 모객과 판매 촉진에 어려움을 겪을 수밖에 없다. 이런 기업들을 VMD(Visual Merchandising) 전문가와 연결해 매장 디스플레이 방법을 교육하고, 경쟁력 있는 매장 운영에 필요한 교육 및 컨설팅을 지원해 판매촉진 효과를 거두었다.

사회적경제 기업의 특성을 고려하여 작은 연출로 큰 효과가 나는 디스플레이를 실현했고, 이러한 구체적이고 실용적인 사업서비스는 현장에서 높은 만족도로 이어졌다.

사람과 기업이 함께 크는 사회적경제 기업

사회적경제가 지속 가능해지려면 그 중심에 있는 사람을 키우는, 즉 사회적경제형 인재를 양성하는 것이 필수적이다. 사회적경제 기업에서 활동하려면 사회적 책임과 경영 능력, 경청 능력, 민주적 조직 운영 능력 등을 갖춰야 한다. 따라서 일반 영리기업에 비해 인재 양성을 위한 더욱 장기적이고도 꾸준한 투자가 필요하다. 사회적경제 기업은 조직의 미션에 공감하는 구성원 간의 상호 협력과 연대, 신뢰를 기반으로 하는 특성을 갖고 있다. 그러므로 교육과 훈련, 경험, 네트워킹 등을 통해 올바른 가치관과 역량을 갖춘 사회적경제 인재가 양성되면 기업이 성장하는 데 큰 시너지를 낼 수 있다.

사람을 키우는 모든 단계의 핵심은 인재가 창업할 수 있도록 경영 훈련을 하는 것이다. 2013년 서울시 사회적경제지원센터는 '서울시 사회적경제 인재육성 공동기획단'을 구성하고 인재육성 로드맵을 수립했다. 사회적경제 분야 종사자를 사회적기업가, 실무자, 분야별 전문가, 행정가, 중간지원조직 활동가, 이렇게 5개 직군으로 분류하고 역량 강화 모델을 제시하였다. 이에 따라 다양한 액션러닝형 교육과정을 개발 · 운영하며 2015년까지 3년간 86개 교육 과정을 통해 총 4,452명이 교육에 참여하였다.

2016년 8월에는 교육을 통해 사회적경제 영역으로 신규 진입하는 사람과 계속 종사하는 사람의 수를 알아보기 위해 수료생 추적조사를 했다. 그 결과 수료생이 88%가 사회적경제 영역에서 계속 종사 중이며, 사회적경제 영역에 종사하지 않던 수료생 중 31%가 교육 이후 취업 · 창업 형태로 신규 진입하였다. 또한 수료 이후 사회적경제 영역에 진입을 희망하는 사람의 비율도 50%로 나타났다.

사회적경제에 관련된 교육 정보나 자료, 강사 정보, 구인구직 정보 등 사회적경제 교육에 대한 정보는 '서울시 사회적경제 인재 양성 온라인 플랫폼(Academy.sehub.net)'에서 확인할 수 있다.

학교가 협동조합 학습의 장이 되다

학교에도 협동조합이 만들어지고 있다. 2013월 9월 서울의 첫 학교협동조합인 구로구 영림중학교 사회적협동조합이 만들어진 이래, 2016년 4월 총 10개의 학교협동조합이 설립되었으며 12개 학교가 설립 준비 중이다. 학교협동조합은 초등학교와 중학교에서 교사, 학생, 학부모, 지역주민이 조합원으로 참여해 윤리적인 경제활동 및 소통과 나눔 교육을 통해 학교와 지역사회를 연결하는 사회적협동조합의 가치를 추구한다.

이러한 학교협동조합이 만들어진 배경에는 우선 청소년들이 가장 많은 시간을 보내는 학교에서 안전한 먹거리를 제공하려는 분위기가 형성된 점을 들 수 있다. 또한 협동조합기본법 시행으로 학교매점을 협동조합 방식으로 운영하려는 환경이 조성되었고, 여기에 서울시와 서울시 교육청의 적극적인 지원도 큰 몫을 했다.

서울시 학교협동조합 설립 현황

지난해 말부터 서울 삼각산고등학교 협동조합 '먹고가게'의 학생 이사로 활동하고 있는 민히정 양(18세)의 사례에서도 학교협동조합의 가치는 충분히 증명된다. 민히정 양은 협동조합의 학생 이사로서 분과위원회와 조합원 회의에 참석하고, 협동조합의 사업을 구상하는 일에도 참여한다. 입시에 집중해야 할 고3이지만 협동조합 활동에 쓰는 시간이 아깝지 않다. 학교공부를 통해 얻지 못하는 것들을 배울 수 있기 때문이다.

한편 '자연생태계와 인류와의 평화로운 관계를 위협하는 기후변화'를 주제로 8개 교과목 13명의 교사가 통합교과적 교육과정을 운영하였는데 이러한 경험이 학부모, 학생, 교사, 지역주민이 함께 하는 '우리동네햇빛발전협동조합'을 탄생시키는 데 한몫했다. 이외에도 학생들이 학교나 마을의 문제를 찾고 해결하는 'Change Maker', 22명의 학생들이 모여 협동조합의 가치와 국내외 사례를 연구하여 수업자료를 만든 후 직접 수업을 진행하는 '나도 선생님' 등과 같은 교육프로그램을 진행하고 있다.

학교협동조합의 청소년들은 창의력, 책임감, 소통능력 등 사회생활을 위해 필요한 가치를 책 속에서만 배우는 것이 아니라, 스스로 아이디어를 내고 직접 사업을 추진하는 과정에서 몸소 배운다. 실천적 현장교육을 통해 자발성을 살리고 배움의 경계를 허무는 것이다. 그리고 이 과정을 통해 청소년들은 자신의 정체성을 확립하고, 사회에 나가서도 자연스럽게 한 사회의 일원으로서 지녀야 할 중요한 가치들을 실천할 수 있게 된다.

무리한 창업 이전에 '시범 창업기'를 거친다

창업을 한다는 건 쉬운 일이 아니다. 2015년 말 기준으로,

서울의 사회적경제 기업은 3,054개로 집계되있으나 신생 조직들의 실가동률이 낮아 수익이 나는 기업은 1,960개(64%)에 그친다. 그래서 창업 전에 철저한 사전준비가 필요하다. 서울시 사회적경제지원센터에서는 새로운 사회혁신 아이디어를 가진 사람들이 아이디어를 성공적으로 사업화할 수 있도록 창업 이전에 시범적으로 시뮬레이션해보는 지원 프로그램을 운영하고 있다.

이 방식으로 진행된 사업이 서울시 사회적경제 아이디어대회인 '위키서울'이다. 위키서울을 거친 후 사회적경제 기업을 창업하고자 하는 사람에게는 관련 지원제도를 연결해주고 있다. 실제로 2015년 아이디어 실행팀 중 10여 개 팀이 한국사회적기업진흥원의 사회적기업가 육성사업팀으로 선정되어 활발하게 활동 중이고, 서울산업진흥원의 '챌린지1000프로젝트'와 같은 창업 지원 프로그램도 적극 활용하고 있다. 또 일부는 대기업 임직원들의 사회공헌기금과 연계하여 아이디어를 좀 더 발전시킬 수 있는 기회가 주어지기도 했다. 2012년 아이디어 실행팀인 '할머니의 유모차'는 챌린지1000프로젝트와 사회적기업가 육성사업을 모두 활용한 사례다.

사회적경제를 활성화하는 '청년혁신활동가'

서울형 뉴딜일자리 중에는 사회적경제 청년혁신활동가 사업이 있다. 청년혁신활동가는 사회적경제 활성화나 사회문제 해결을 위한 신규 일자리를 스스로 찾아내고, 약 1년 동안 직접 일하면서 경험을 쌓는 등 직업훈련을 마치고 관련 분야에 취업이나 창업을 하게 된다. 2014년 사회적경제 청년혁신활동가로 활동했던 곽나래 양은 청년혁신활동가 사업을 접하게 된 계기를 이렇게 설명했다. "대학을 다닐 때부터 사회적경제에 관해 관심이 있었는데 어떻게 이 일을 시작해야 하는지 몰랐어요. 대학을 졸업하고 사회적기업으로 바로 들어가거나 창업을 할 수 있는 것도 아니니까요. 그래서 고민이 많았는데 그때 알게 된 것이 사회적경제 청년혁신활동가 사업입니다." 현재 곽나래 양은 창신-숭인 사회적경제협동허브 '한다리중개소'를 운영 중이다. 2015년 문을 연 한다리중개소는 지역문제 해결에 주민의 참여를 이끌어내고 사회적경제 조직의 역량을 결집해 활용하는 지역밀착형 실험 공간이자 협업 공간이다.

사회적경제 청년혁신활동가들은 도시재생, 학교협동조합, 사회적회계 등과 같이 사회적경제 생태계 기반조성을 위한 다양한 전략사업을 찾아내 신규 일자리를 창출하고 있으며, 이 사업에 청년들이 프로젝트 단위로 함께 참여하고 있다. 청년혁신활동가 사업을 통해 2015년까지 3년간 총 248명의 활동가가 배출되었고, 2016년에도 다양한 사회적경제 분야에 78명을 선발 · 배치하였다. 또한 청년혁신활동가로 활동했던 248명 중 138명이 취업하거나 창업했다. 그중 97명은 근무했던 사회적경제 기관에서 일하거나 사회적경제 영역에서 활동하고 있다.

신용으로 창업한다, 사회투자기금

기업의 안정적 활동과 성장을 위해서는 자본조달이 원활하게 이루어져야 한다. 그러나 창업기 사회적경제 기업들은 물론 역사가 상당한 기업들에도 은행 문턱은 매우 높다. 수익 창출보다 사회적 가치 창출을 주 목적으로 하는 사회적경제의 운영 원리와 기업금융 시스템이 만날 수 있는 영역은 제한적일 수밖에 없는 것이다. 그래서 사회적경제 생태계 조성을 위해서는 새로운 형식의 자본이 필요하다. 수익률만이 아닌 사회적 목직 달성을 위한 투자자본, 즉 장기대출이 가능한 '인내 자본'이 그것이다.

서울시는 이런 문제를 해소하고자 2013년 선도적으로 500억 원을 출연해 서울사회투자기금을 조성하여 운영 중이다. 사회투자기금은 사회적경제 기업에 대한 대출, 사회적금융을 제공하는 중간지원기관에 대한 대출, 사회주택 분야에 특화된 소셜하우징 융자 등의 형태로 사회적경제 영역에 공급되었다. 2015년 말, 총 330억 원 규모의 기금이 2% 수준의 저금리로 대출되었다. 2013~2014년 사회투자기금을 지원받은 31개 기업의 성장률을 조사한 결과, 지원 전에 비해 매출은 129%, 고용은 157%가 늘었다.

사회적경제 기업들이 이용할 수 있는 정책금융 가운데 서울사회투자기금의 활용도는 상대적으로 높다. 그러나 다양한 단계 기업들의 금융 수요를 충족시킬 수 있는 수준에 이르지

서울사회투자기금 지원 효과

구분	지원 전	지원 후	비고
매출	1,800억 원	2,315억 원	515억 원 증가
고용	737명	1,158명	421명 증가

못하고 있다.

서울사회투자기금은 상환 기간이 5년으로 짧고, 투자는 하지 못하고 대출 서비스만 진행하는 한계를 갖고 있다. 캐나다 퀘벡의 사회적투자네트워크와 샹티에 기금의 경우 무담보 대출로 15년의 상환 기간을 갖고 운용되고 있다. 서울시와 퀘벡의 기금 운용에서 차이가 발생하는 중요한 원인은 바로 민간의 참여 여부다.

민간 차원에서 만든 '연대공제기금'과 '사회혁신기금'

사회적기업들은 연대공제기금으로 2015년 말 6억 7,000만 원을 조성하여 회원사에 대출하고 있고, 별도로 사회적기업 종사자 긴급자금 대출사업에 1억 원의 기금을 조성했다. 또한 67개 기관이 가입한 사회혁신기금이 2억 3,000만 원 규모로 조성되어 8개 기관에 대출되었다. 규모는 작지만 상호 협력을 통해 자주적으로 운용할 수 있는 민간 기금을 조성했다는 점에서 큰 성과라 할 수 있다.

새로운 자본형성을 위해 다양한 연구, 포럼, 행사 등 민간 차원의 노력이 진행되었으나 아직 실효성 있는 수준의 기금을 조성하지는 못했다. 일부 지역에서 장터 수익금(금천, 강동),

상호거래 수익금(광진), 협의회 회비(영등포) 등으로 초기 기금을 조성하였으나, 절대적인 규모면에서 한계를 노출하고 있다. 그러나 퀘벡의 사례에서 보듯 인내 자본 형성을 위해서는 커뮤니티 기반이 중요함을 이들 기초자치단체 사례를 통해 다시 한 번 확인할 수 있다.

치킨보이, 마을기금에서 융자받은 돈 2개월 뒤 갚아

소자본으로 청년 창업에 도전한 치킨보이는 자신의 재능을 살려 마을공동체 활동에 참여하며, 다른 청년들이 창업하고 마을공동체에 안착하는데 도움을 주고 있다. 그리고 얼마 전 성내동에 수제맥주와 치킨을 판매하는 작은 가게를 열었다. 지인들의 도움으로 직접 인테리어 공사를 하고, 빠듯한 예산으로 가게를 꾸몄지만 에어컨 설치 비용이 부족했다. 마을기금의 문을 두드렸지만, 잔액이 얼마 없었다. 그러나 지역의 활동가 한 명이 마을기금에 100만 원을 무이자로 융자해준 덕분에 치킨보이는 에어컨을 설치할 수 있었다. 꾸준히 매출이 오르고 있는 치킨보이는 2개월 후 원금을 상환하고, 앞으로 자신과 비슷한 처지의 청년들이 소액대출을 필요로 할 때 무이자로 융자해주겠다고 약속했다.

– 강동협동경제공동체네트워크 기사 중에서

사회책임소비로 판로를 키운다

서울시는 7조 원대에 달하는 공공조달의 사회적 책임성을 높이기 위한 정책을 지속적으로 혁신해왔다. 구청과 교육청, 사회적경제 협의체 등과 업무 협약을 통해 민관 협력을 구체화했으며 사회책임조달 확대를 위해 제도와 조례를 마련하였다. 2013년에는 계약 제도의 공공성 강화방안을 마련해 사회적경제 기업을 위한 가산점을 신설하고 확대했다. 또한 2014년에는 '서울시 사회적기업 제품 구매 촉진 및 판로 지원에 관한 조례', '서울시 사회적경제 기본 조례', '서울시 사회적 가치 증대를 위한 공공조달에 관한 조례'를 제정하고 '서울시 공공조달 가이드라인'을 마련했다.

서울시의 사회적경제 분야 공공구매 실적은 2012년 440억 원에서 2014년 679억 원으로 150% 확대되었다. 여전히 전체 공공구매 시장에서 1.15%밖에 차지하지 못하지만, 민관의 노력으로 괄목할 만한 성장을 이뤄낼 수 있었다. 공공조달에 신규로 참여하는 사회적경제 기업도 지속적으로 확대되고 있으며, 참여 기업의 평균 매출도 2년 동안 132% 증가했다. 조달 품목도 장애인 배려 물품 중심에서 사회서비스 분야로 다변화되었고, 사회서비스(용역) 비중이 2014년 35%에서 2015년 44%로 확대되었다.

자율 경영공시에 참여한 서울 사회적기업 20개의 지난 3년 매출 성장률 및 공공매출 비중 변화를 분석한 결과[11] 2015년 기준으로 전년 대비 25%의 매출 성장률을 보였다. 이 가운데 공공조달 시장 매출이 전체 매출에서 차지하는 비중은 5% 감소하고 일반 시장 매출은 7% 높아졌다. 공공조달 시장이 사회적경제 기업의 성장과 경쟁력 강화를 위한 마중물 역할을 한다는 의미다.

사회책임조달이 실현되기 위해서는 공공과 민간의 노력이 함께 이루어져야 한다. 그러나 실제로 공공에서 필요로 하는 제품과 서비스를 사회적경제 기업이 제공하기는 쉽고 쉽지 않기에 각 자치구의 사회적경제 중간지원조직들은 공공구매 확대를 위해 다양한 노력을 진행하고 있다. 특히 건축 · 건설 분야는 공공 재원이 가장 많이 투입되는 영역이지만 사회적경제 기업들은 사업에 참여하기 어렵다. 대형 공사는 참여하기는 어렵다 하더라도 작은 규모 공사는 사회적경제 기업도 참여할 수 있는 역량을 충분히 갖고 있다. 그럼에도 입찰 규정이 까다롭고 실적을 제시하는 것이 어려워 일반 사업체와 경쟁해서 공공시장에 진입하는 것이 쉽지 않다.

이런 상황에서 2014년 동대문구청은 저소득 독거어르신 주거환경 개선사업에 사회적경제 기업만 참여할 수 있도록 제한경쟁 입찰을 추진했다. 공사 내용은 도배, 장판, 단열, 보일러, 싱크대, 핸드레일 수리 및 설치 등 독거어르신들의 주거환경을 개선하는 일이었다. 지역을 기반으로 활동하는 사회적경제 기업이 동네 독거어르신들의 생활을 밀착적으로 관리하고 개선하는 사업인 것이다. 아울러 업체를 선정할 때는 인부의 절반 이상을 동대문구민으로 채용하는 것을 권고하여 지역 내 일자리를 창출하는 사회적 가치를 담기도 하였다.

이 사업에 사회적경제 기업 3곳이 참여하여 취약계층 일자리 창출, 지역 경제 순환 등의 사회적 가치를 창출했다. 또한 지금까지 사회적경제 기업이 공공구매에서 복사용지, 화장지 등 소모품 공급에 치중해온 데 비해 예산의 많은 비중을 차지하는 서비스 분야 중 주택 · 시설관리 분야에 참여하는 사례를 만들어냈다.

'오요리아시아', 서울여성플라자 위탁운영 기관으로 선정

오요리아시아(www.oyori.asia)는 결혼이주여성, 아시아의 빈곤여성 및 청소년의 경제적 자립을 돕는 사회적기업이다. 2014년 공정여행 사회적기업인 트래블러스맵과 협력하여 사회적기업으로는 최초로 일반 경쟁 입찰에서 서울시 여성가족재단 산하 서울여성플라자[12]의 위탁운영 기관으로 선정되었다. 서울시 여성가족재단은 처음으로 사업자를 선정할 때, 서비스 분야에서 공공성 운영 배점을 높여 사회적기업이 진입할 수 있는 발판을 마련해주었다. 오요리아시아는 사회적기업으로서 고객 만족과 사회적 가치를 실현하며 공공서비스의 가치를 높인 혁신 사례로 손꼽히는데, 주요 운영 성과를 살펴보면 다음과 같다.

우선 오요리아시아는 고용안정과 업무 만족도를 높이기 위해 기존 계약직 파견근무자를 전원 정규직화하고, 근속 연수에 따른 지위를 승격시켜 중간관리자의 역량과 전문성을 높였다. 또한 일자리 소외계층인 경력단절 여성과 청년 장기실업자를 정직원으로 추가 고용하고 청년층을 대상으로 '무료 작은 결혼식' 이벤트를 정기적으로 진행하고 있다.

위탁운영 업무 외에도 결혼 문화와 관련한 불합리한 관행을 해결하기 위해 100인 이하 하객의 경우 특별할인을 적용하는 '적정 결혼식' 프로그램을 도입하고, 서비스 상품의 가격 거품을 일으키는 협력업체 보증금제를 폐지했다.

또한 오요리아시아는 지난해 사회적경제 기업 거래처를 발굴해 약 5억여 원을 사회적경제 물품 구매에 썼다. 이는 서울여성플라자에서 구매하는 물품의 약 70%에 해당되며, 공공기관에서 발생한 수입으로 사회적기업들의 참여를 촉진시키며 전체 사회적경제의 활성화에 기여하고 있다. 한편 오요리아시아는 2015년 은둔형 외톨이 청소년들을 위한 직업훈련 프로그램을 3개월 동안 운영하면서 이들이 연회팀에서 일할 수 있도록 도왔다. 그 결과 프로그램을 마친 뒤, 청소년들은 사회적기업이나 일반 기업에 취업하여 다른 사람들과 함께 일하고 교류하며 더 이상 외톨이가 아닌 어엿한 사회인으로서 기쁨과 보람을 느끼게 되었다.

이를 계기로 오요리아시아는 2016년 마포구 고용복지지원센터와 양해각서(MOU)를 맺고 사회 진출에 어려움을 겪는 은둔형 외톨이 청소년 대상 직업훈련을 확대하여 시행하게 되었다. 이는 사회적기업이 공공기관을 운영하면서 소셜미션을 통해 사회적 가치를 만든 사례라 볼 수 있다.

오요리아시아의 성공적인 공공기관 위탁경영 사례는 다른 사회적기업들의 벤치마킹 대상이 되고 있으며, 이를 통해 타 지역 및 공공기관에서 유사 사례[13]가 확산되고 있다.

상호거래, 사회적경제를 더욱 풍요롭게 하는 출발점

서울 지역 곳곳에서 다양한 형태의 시민장터가 진행되어 사회적경제 기업의 매출증대를 지원했다. 특히 창업기 및 지역 기반 사회적경제 기업들의 참여가 활발했다. 장터의 경우 지역 주민들을 직접 대면하며 사회적경제를 홍보하는 동시에 신생 기업들은 시민들에게 상품을 알리고 소비자의 반응을 직접 확인할 수 있는 좋은 기회였다.

시민장터와 함께 사회적경제 시장의 특징을 가장 잘 보여주는 것이 상호거래다. 사회적경제 기업 전체가 하나의 거대한 그룹처럼 서로 소비자가 되어준다면 소셜미션 달성과 사회적경제의 지속 가능성은 크게 높아진다. 생활협동조합 매장에서 지역의 사회적경제 기업 제품을 판매하는 등 다양한 방식의 상호거래 확대사업이 추진되었다. 아직은 상호거래가 괄목할 만한 성과를 내지는 못하고 있으나, 사회적경제가 성장하고 상호 간 협력이 높아질수록 시장은 확대될 것으로 전망된다.

사회적경제 분야에서 가장 많은 소비자를 확보한 소비자생활협동조합과 사회적경제 기업은 상호거래 활성화를 위해 2013~2015년 상호거래 협력사업에 대한 실험을 했다. 이후 2016년 서울 지역 3개 생협(두레생협연합회, 한살림서울생협, 행복중심생협서울지역협의회)과 사회적경제 기업의 협력매장 운영사업을 시작했다. 3대 생협의 매장 안에 사회적경제 기업들의 제품을 모아 판매하는 별도의 매대를 설치한 것이다. 그리고 6개 매장에서 사회적경제 기업 14곳에서 만든 33개 제품을 판매하기 시작했다.

이를 위해 3대 생협은 자신들이 가지고 있는 매장 6곳의 공간자산 일부를 공유판매 공간으로 내놓았다. 더불어 기존 제품 입점 정책과 기준을 바꿔 영세한 사회적경제 기업 수준에 맞춰 탄력적으로 운영하고 있다. 또한 안정적인 사업 추진 기반을 마련하고 싶은 사회적경제 기업과 2년간 사업 협력 협약을 체결하고, 제품 입고시 완사입(제품 값을 완전히 결제하고 물건을 받는 방법)을 적용하여 입점하는 사회적경제 기업의 재고 부담을 없애주기도 했다.

이 사업에 참여하는 14개의 사회적경제 기업은 고정 판로 확보와 매출 신장, 그리고 생협과의 연대 및 협력을 통해 성장과 지속 가능성을 높이길 기대하고 있다. 이 사업은 사회적경제 생태계를 더욱 풍부하고 성숙하게 하는 출발점이 될 것이다.

CHAPTER 4

사회적경제

지역경제를 넘어 고용 혁신으로

일자리 살리는 사회적경제

1,000만 명이 살아가는 대도시 서울에서는 작은 단위 공동체의 생태계를 활성화하는 것이 사회적경제의 중요한 과제가 되었다. 사회적경제가 지향하는 '내발적 · 민주적 경제 원리'가 주류 경제에 미치는 영향이 미미하고 사회적경제를 통해 생활재를 공급하는 것이 시민들의 생활비를 절감하는 수준에 미치지 못하는 현실에서 기초단위 생태계의 활성화는 더욱 중요해진다.

2012년 6월 서울에서 '사회적경제 지역생태계조성사업'이 시작되면서 자치구 단위로 사회적경제 생태계조성이 본격화되었다. 서울시가 이 사업의 범위를 자치구로 설정한 것은 지방자치가 작동하는 행정상의 최소 단위가 자치구이기 때문이다. 민과 관이 함께 협력해야 하는 사업의 특성을 반영한 결과다. 이 사업을 통해 자치구에서는 지역관계자들이 협력하며 사회적경제 생태계를 조성하는 실험이 시작되었다.

지역의 기업들이 모두 모여 비즈니스를 하기란 쉽지 않습니다. 규모와 업종이 다양하기 때문이죠. 그러나 지역 기업들이 규모와 업종에 관계없이 일상적으로 만날 수 있는 장점이 있습니다. 이러한 관계에 기반하여 다양한 비즈니스를 모색할 수 있다는 것이 지역협의체만이 가지는 강점이라고 생각합니다.

– 영등포 사회적경제 생태계조성단 단장 윤정아

지역 기업 하나가 폐업한 적이 있습니다. 그때 네트워크 모임에서 자성하는 목소리가 나왔습니다. "그 기업이 폐업할 때까지 우리는 무엇을 했는가"라고! 지금은 지역 기업들이 어려울 때 알게 모르게 서로 도움을 주고 있습니다. 상호구매를

하는 것은 기본이고, 긴급 자금을 빌려주기도 하고, 대가 없이 후원하기도 합니다. 지역 기업에 대한 책임감이 높아진 것이지요.

- 광진구 사회적경제 생태계조성단 단장 박용수

강동구 지역재생협동조합 '우리동네'

2014년 강동구에서 지역의 주거 환경을 개선하고 싶은 10명이 모여 1년 동안 함께 강의를 듣고 사례를 탐방하며 스터디를 진행했다. 그리고 2015년 2월, 지역재생협동조합인 '우리동네'를 설립하고 창립총회를 열었다. 현재 우리동네 협동조합에는 '우리UFO'를 비롯하여 건물보수업체, 건물관리 및 청소업체 '미화부장', '이레건축사사무소', 저소득층 집수리 봉사단체 '해뜨는집', 친환경페인트 시공업체 '레인보우협동조합', 화훼 · 조경업체 '풀잎', 원목가구공방 '나무의 귀환'이 참여하고 있다.

주택에너지 절감을 위한 단열시공 교육, 친환경페인트 시공 및 원목가구 제작 교육, 동네 주민들과 조성하는 마을 정원 등을 진행하고 있는 우리동네는 강동구 암사1동에서 진행되고 있는 도시재생사업 계획수립에 직접 참여하고 있다. 이전의 도시재생 사업이 대부분 외부의 용역업체에 의해 계획이 수립되었다는 점을 감안할 때, 우리동네처럼 지역에서 설립한 지역재생협동조합이 사업에 참여하는 일은 매우 특별한 사례다.

동작구 '서로협력' 공모 사업으로 협동 시너지 확인

동작구협동경제지원단은 기업 간의 단순한 만남을 넘어 공동사업의 계기를 제공하기 위해 2015년 상반기 '서로협력' 공모사업을 실시했다. 서로협력 공모 사업이란 2개 이상의 서로 다른 사회적경제 기업이 모여 공동 사업을 수행할 때 사업비를 지원해주는 것이다. 1,000만 원 예산 규모로 총 7개 사업(13개 기업 참여)을 선정하여 컨퍼런스, 공동 홍보 사업 등을 지원했다. 서로협력 공모 사업 결과, 참여 기업들이 공동사업을 통해 협동의 시너지를 확인할 수 있었으며, 서로에 대한 이해와 신뢰가 높아졌다. 이러한 성과가 인정되어 2015년 하반기에는 동작구청이 2,500만 원의 예산을 추가로 확보해 총 4개 사업(11개 기업 참여)을 선정 · 지원하였다.

협동은 서로 만난다고 이루어지지 않는다. 서로에 대한 신뢰와 적극적인 기획이 없다면 서로의 필요는 결코 협동으로 발전하지 않는다. 그런 의미에서 동작구의 서로협력 지원 사업은 많은 예산을 들이지 않으면서도 사회적경제기업 간 협동의 가능성과 신뢰를 높이는 좋은 사례다.

동작구 청년포럼 '동작청년살림지구' 서울 예비특구 선정

문화예술협동조합 '아트컴퍼니 길'은 공연하는 예술인들이 만든 배우협동조합이다. 연극, 뮤지컬, 난타 등 공연활동을 하는 이 협동조합은 청년들로 구성되어 있는데, 그로 인해 자연스럽게 조합과 대표자가 동작 청년문제에 관심을 가지게 되었다. 잘 알려진 대로 동작구 노량진에는 많은 청년들이 몰려 있고, 중앙대, 숭실대, 총신대 등 대학들도 모여 있다.

지역의 청년문제를 고민하던 차에, '아름누리아카데미' 사회적협동조합 대표와 의기투합하여 청년들을 모아보기로 했다. 마침 동작구협동경제지원단에서 추진한 '서로협력 공모 사업'을 통해 관내 청년들을 모으고 모임을 지속한 결과, 총 10회 모임에 연인원 200여 명이 참가하는 포럼을 진행할 수 있었다. 이 모임에는 개별 청년뿐만 아니라, 중앙대 동아리(SEN, 인액터스 등), 총신대 신학과와 사회복지학과, 서울대 인문학과 학생들도 참여하여 청년 문제를 함께 고민했다.

포럼은 마무리되었지만, 사회적경제를 통한 문제 해결 시도는 여전히 지속되고 있다. 총신대 학생들은 대학생협 건설을 목표로 동작구사회적경제지원센터에 입주하기도 했고, 이 사업을 시작으로 동작 청년들의 문제를 사회적경제 방식으로 해결하고자 하는 '청년의 살림을 살리는 동작 청년 살림 지구 만들기 사업'이 서울시 사회적경제 예비특구 사업으로 선정되기도 했다.

지역 문제 해결을 위한 공동 플랫폼

2012년 자치구를 대상으로 하는 지역생태계조성 사업이 시작된 이후 18개 구가 참여하여 공동사업으로 지역 문제를 해결하고자 노력하고, 자치구 정책 환경도 함께 변화시키는 성과를 도출했다. 2015년 말, 14개 자치구에서 총 51개 의제를 발굴하고 383개 기관이 참여하고 있다. 특히 사회적경제에서 강점을 보이고 있는 돌봄사업과 문화예술교육에 대한 지역의 관심이 높다. 더불어 서울시의 정책 지원과 맞물

려 도시재생사업, 학교협동조합에 대한 사업도 활발하게 추진되고 있다.

금천구 일감 연계를 통해 봉제산업 활성화

봉제업은 금천구 제조업의 21%를 차지하고 있다. 금천구에는 패션 단지, 중저가 대형 아울렛, 물류 센터 등이 집중되어 있어 사업 환경이 우수한 편이다. 더불어 금천구의 봉제산업은 하이엔드 브랜드를 지향하는 디자이너 제품에 대한 수요가 높아 타 지역에 비해 폐업률이 낮고 브랜드 보유율이 높다. 다만 생산 전문가들의 고령화, 해외 아웃소싱에 따른 일감 감소, 비수기 매출 불확실성, 원재료 가격 상승, 의류 가격 하락에 따른 수익성 악화 등의 문제가 존재한다. 그 외에도 한 주 평균 노동 시간이 60시간인데 반해 월평균 임금이 120만 원에 불과해 근무 환경이 매우 열악한 상황이다. 한편 한 해 배출되는 패션디자이너는 약 1만 2,000여 명으로 추정되지만, 디자이너 인력을 수용할 일자리가 부족한 상태다.

이런 상황에서 금천구는 안정적 공급망을 구축해 기업의 지속 가능성을 확보하기 위해 지역 내 중소 의류 제조 공장과 연계하여 소상공인의 경쟁력을 강화하고, 지역 안에 샘플

실을 만들어 디자이너와 생산자를 연계시키는 사업을 진행했다. 장기적으로는 지역 내 공동브랜딩을 통해 봉제업에 대한 인식을 높이자는 전략을 펴나가기로 했다. 이에 금천구는 사회적기업 '오르그닷'의 온라인 플랫폼을 활용하여 패션봉제 관련 37개 공장 네트워크와 청년 디자이너의 일감을 연계하고 공동 개발실을 운영하는 등 사회적경제를 통한 도심형 제조업의 활성화를 모색하고 있다.

우선 디자이너의 아이디어가 제품 생산으로 이어질 수 있도록 디자인 구상안을 바탕으로 부위별 사이즈, 도식화, 표현방법 등을 확인하여 작업의뢰서를 작성할 수 있게 교육하였다. 또한 원단, 부자재, 나염, 자수 등 자재 전반에 대한 컨설팅도 추진하였다. 그 외에도 그래픽 개발 프로그램, 봉제기술 이론 교육, 생산관리 노하우, 의류제작 과정 교육, 샘플교정방법 등 전반적인 컨설팅을 일대일로 연간 60회 정도 추진하였다. 이런 교육과 컨설팅 노하우가 쌓이면서 디자이너의 수요에 효율적으로 대응하는 시스템이 마련되었고, 사업이 진행됨에 따라 디자이너와의 네트워크가 강화되면서 영업 기회가 확장될 수 있었다.

디자인 개발에 필요한 제품개발실을 금천구에 설치하고, 외부 디자이너를 영입해 외부 역량이 지역 내 역량으로 정착될 수 있도록 하였다. 또한 양질의 봉제 공장을 찾는 디자이너들에게 금천구 내 공장을 연결시켜 샘플 제작부터 제품 생산까지 금천구에서 논스톱으로 이루어지는 시스템을 구축하였다.

약 300여 개의 브랜드 리스트를 확보하고 티셔츠, 바지, 재킷, 자수 작업 등에 필요한 생산자와 디자이너를 연계시키는 작업을 추진한 결과 2014년에는 약 5,500만 원, 2015년에는 약 1억 600만 원의 매출 성과를 기록하였다.

성북구, 주민이 참여하는 지역관리회사 설립

개발 중심의 도시정비 · 지역개발 정책에서 벗어나 주민 주도의 지속 가능한 지역 정책을 추진하는 방향으로 도시재생사업이 변화하고 있다. 이에 따라 지역사회의 경제적 자립 지원(지역 고용창출 및 이윤의 지역사회 재투자), 사회서비스 확대, 공동체 활동 강화 및 지역사회 활성화 등 도시재생사업에서 요구되는 사회적경제의 역할을 고려한 계획 수립이 필요해졌다.

성북구 장위동은 재개발해제지역인 장위13구역을 중심으로 도시재생사업이 진행 중인 지역으로, 노후화된 주택과 도시기반시설이 몰려 있다. 또한 취약계층과 다문화가정이 밀

집된 곳으로, 돌봄서비스에 대한 수요는 높지만 주민들의 소득수준이 높지 않아 지불 능력이 부족하다. 따라서 노후화된 인프라를 개선하는 동시에 지역 공동체를 유지하여 슬럼화를 방지해야 하는 과제가 동시에 주어졌다. 성북구에서는 사회적경제과, 마을담당관, 도시계획과, 주거정비과, 일자리경제과, 교육청소년과, 여성가족과, 성북구 마을 · 사회적경제센터, 함께살이성북사회적협동조합, 성북구아동청소년네트워크, 성북구협동조합협의회, 성북구사회적기업협의회로 구성된 추진단을 구성하여 사업 기회를 창출하고 주민과 사회적경제 기업의 참여기회를 마련하였다.

2016년에는 주택개보수 상담, 집수리 교실, 집수리 시범사업, 협동조합 교육 등으로 주민 참여를 높이고 협동조합 설립을 추진하고 있다. 또한 조합원을 모아 지역관리회사를 설립해나가고 있다. 초기에는 주택개보수 사업을 통해 사업 역량을 강화하고, 2017년부터는 공공조달 우선구매권을 활용하여 공공시설관리사업을 수탁하여 수익을 창출한다는 구상을 갖고 있다. 이후 공공시설관리수탁 확대 등을 통해 지역관리회사를 본격적으로 궤도에 올리고 수익률도 안정적으로 확보할 예정이다.

또한 국공립어린이집 수탁을 목표로 공공돌봄시설을 필요로 하는 지역 주민, 경력 단절 돌봄교사, 양질의 돌봄서비스를 제공할 수 있는 서비스 공급자를 조직하여 공공돌봄시설 확충을 공론화하기로 했다. 그리고 수익이 안정적으로 마련되면 지역 환원 차원에서 돌봄서비스를 확대해나가기로 했다.

광진구, 돌봄클러스터 구축으로 원스톱 서비스 제공

2013년 한국보건사회연구원의 사회서비스 실태조사보고서에 따르면 우리나라 국민들은 성인 돌봄(22.4%), 아동 돌봄(13.0%), 재활지원서비스(7.9%) 순으로 사회서비스를 이용하는 것으로 집계됐다. 그리고 향후 1년 이내에 이용을 희망하는 서비스는 문화 및 여가서비스(29.6%), 보건의료 및 건강관리(23.4%), 성인 돌봄 및 일상생활지원서비스(21.6%) 순으로 나타났다.

2014년 기준으로 총 1만 6,543곳의 장기요양기관 중 개인사업자가 설립한 기관은 75.9%[14]에 이르고, 4대 바우처 돌봄 제공기관 2,009개 중 종사자 30인 미만 사업장이 74.5%[15]를 차지하는 등 영세한 기관이 많은 상황이다. 영세 조직이 제공하는 서비스에 대한 시민들의 만족감은 떨어지고, 그로 인한 불신으로 돌봄이 필요한 시민 및 보호자는 신뢰할 수 있는 서비스를 찾기 위해 시간을 소비하게 된다.

이런 상황에서 사회서비스의 공공성과 사회적 책임 돌봄을 내세우는 사회적경제 조직이 운영되고 있지만 개별적으로 추진하는 탓에 동력을 얻지 못하고 있다. 이는 지속적인 서비스 품질 관리 프로그램이나 새로운 부가서비스 개발 등에 대한 투자 부족으로 서비스 시장에서 영향력이 미흡하고, 유사 업종 간의 협업 체계를 시도하지 못하고 있기 때문이다. 광진구의 경우 협동사회경제네트워크에 참여하는 27개 조직 중 대인서비스나 가정에서 필요로 하는 상품과 서비스를 공급하는 16개 조직은 공통의 수요자를 상대하지만 협업이나 공동 전략을 공유하지 못하고 있다.

광진구에서 재가 돌봄서비스(재가요양, 노인 돌봄, 장애인 활동지원)를 이용하고 있는 197명의 이용자를 대상으로 면접설문조사를 실시한 결과, 서비스 이용 시간 증가와 서비스 내용 확대, 통합 제공되는 상품 및 서비스에 대한 수용 의사가 있는 것으로 나타났다. 서비스 유형 면에서는 기존의 돌봄서비스 중 요양 돌봄이 가장 필요하며, 그다음으로 식생활 돌봄, 정서 돌봄, 가사 관리 · 홈케어 순으로 나타났다. 사업 수용도

면에서는 노인 돌봄서비스 이용자가 가장 높고, 장애인활동 지원서비스 이용자는 보통 수준이며 재가요양서비스 이용자는 낮은 것으로 나타났다. 필요한 사회서비스로는 외출 동행(21.3%), 식사 준비 · 취사(19.8%), 목욕(9.6%), 청소(8.1%) 순으로 응답했다. 새로운 사회서비스로는 가사서비스(21.3%), 국악 · 문화 등 여가생활서비스(13.1%), 아파트단지 내 영양돌봄식당(10.6%), 찾아가는 치매예방서비스(9.4%) 순으로 선호도가 높았다.

이런 배경에서 광진구는 돌봄클러스터 구축을 지원했다. 돌봄클러스터 구축 초기에는 업무 설계에 참여한 업체들을 중심으로 영양, 위생, 정서 돌봄서비스를 제공했다. 이후 클러스터 사업에 대한 공통된 브랜드나 서비스 명칭을 정한 후 내용, 서비스 매뉴얼을 리모델링하면서 참여 기업을 확대하여 상품 및 서비스를 다양화했다. 또한 '검색-주문-결제-서비스 이용-사후 관리'까지 가능한 온라인 채널과 홍보 · 판매 · 영양돌봄식당 등의 기능을 갖춘 오프라인 채널을 구축해 서비스 접근성과 편의성을 제고했다.

그리고 시범사업을 통해 영양 돌봄 및 연하도움식사 리뉴얼(복지유니온), 주택청소, 위생관리서비스, 특수청소상품 리뉴얼(인스케어 코어), 재택형 데이케어서비스 개발(시니어협동조합), 치료 · 정서형 돌봄 프로그램 개발 및 리뉴얼(한국아동국악교육협회), 기존 돌봄서비스 명세화 및 신규서비스 개발(도우누리), 빨래서비스 리뉴얼(광진지역자활센터)의 제품 설계를 완료했다.

현재 클러스터서비스로 명칭, 내용, 서비스 매뉴얼을 정립해나가면서 생활재를 포함하여 소비자가 필요로 하는 서비스와 상품을 확대해나가고 있다. 또한 광진구에서는 산재해 있는 다업종 사회적경제 기업들이 사업연합을 구성하여 지역 내 노인 돌봄체계를 구축하는 사업이 추진되고 있다. 그리고 사회복지공동모금회와도 협력하여 주민 모금을 연계하는 전략도 개발 중이다.

노원구, 자원순환을 통한 기부 문화 확산

인구 60만 명 규모의 노원구에서 생활용품 재사용 매장은 일정 규모를 갖춘 아름다운 가게와 녹색장터 되살림 등 2곳과 소규모의 되살림 매장 3곳 정도로 절대적으로 부족한 상황이다. 또한 현재 노원구에서 운영되는 되살림 매장은 아름다운 가게 노원공릉점을 제외하고 인력 운영, 공급 물품(기증물품) 확보, 수거 및 선별, 운반, 판매 등이 개별 매장 중심으로 진행되면서 어려움을 겪고 있지만 적극적인 활성화 방안을 찾지 못하고 있는 실정이다. 재사용 생태계 활성화를 위해서는 대형 재사용 가게뿐만 아니라 지역 기반의 소규모 가게가 상호 보완하면서 마을 주민의 생활 공간에 촘촘하게 들어서야 한다. 또한 재사용 가게를 지원할 수 있는 공공 물류 및 선별 인프라를 구축하여 국내 재사용 물품의 선순환체계를 구축해야 한다.

노원구에서는 매월 20일 기부데이를 개최하여 동주민센터에 설치한 기부박스의 물품을 수거하고, 매월 30일에는 수거된 물품을 판매하는 행사를 꾸준히 진행하고 있다. 그 외에도 되살림 지도, 되살림 달력, 영상물, 홍보 배너, 포스터 등 다양한 홍보물을 제작하여 사회적경제한마당, 캠페인, 노다지장터 등에서 배포하며 참여를 독려하고 있다.

성동구, 민관 협치를 통해 전통시장 활성화 추진

1962년 개장된 뚝도시장은 한때 점포 수가 400개를 넘는 서울의 3대 재래시장 중 하나였으며 수십 년간 성수동 주민들의 삶의 터전이었다. 하지만 2001년 시장 건너편에 이마트 본사를 필두로 대형마트 및 기업형슈퍼마켓(SSM)이 들어서면서 상권이 급격히 쇠퇴하기 시작했다. 지금은 공실률 30.2%, 하루 이용객 100여 명, 점포당 하루 매출액은 평균 4~5만 원으로 떨어져 소규모 시장으로 전락하였다.

더구나 서울숲, 성수수제화거리, IT산업, 트리마제와 최고급 아파트 등 주변이 화려하게 개발되면서 뚝도시장(뚝섬구길 포함) 상인들은 상대적으로 소외감과 박탈감이 커졌다. 2009년 전략정비구역으로 지정되었지만 재개발은 기약할 수 없는 상태다. 이에 광진구는 뚝도시장과 지역콘텐츠를 연계하여 특색 있는 협업화 사업을 구상하고, 지속 가능한 도시재개발을 통해 사회 · 문화적 가치를 지닌 시장으로 만들어가기 위해 노력하고 있다.

시장 내에 문화예술인들이 교류할 수 있는 공간을 조성하여 상인과 주민, 그리고 청년창업을 연계하는 문화 활동, 전통 음식 및 스토리 발굴 육성을 추진하였으며 이를 통해 뚝도시장은 생활권 공유경제 및 공유 공간으로 자리매김하게 되었다.

성동구는 전통시장 활성화를 위한 협업화 연구를 통해 협력 사업의 기반을 만들고, 사업자협동조합 사업 모델과 전통시장 재생 전략을 위한 정책적 과제를 제시하였다. 또한 전통시장 활성화를 위해 성동구청 및 뚝도시장 상인들이 함께 워크숍에 참여하여 협업화 사업에 대한 아이디어를 내고 사업을 기획하였다. 그리고 이 과정을 통해 2013년 '뚝도시장 가는 날'을 시작으로 2015년 '으랏차차! 뚝도의 전설, 뚝도 사냥

사회적경제 특구 현황도

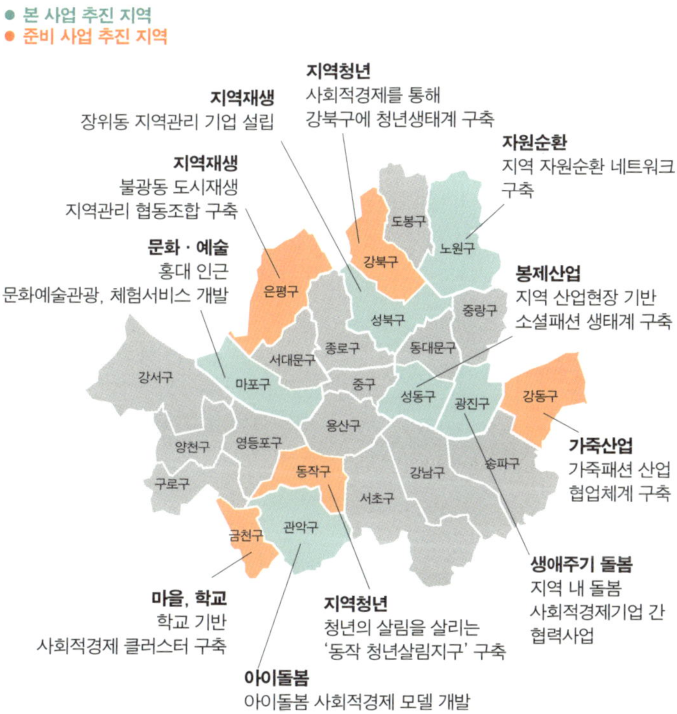

축제', '뚝도 선상활어시장축제' 등을 개최하였다. 이처럼 뚝도시장 활성화사업은 시장 상인과 추진단의 민민협력과 성동구청과의 민관협력을 통해 지역 콘텐츠를 활용한 대표적인 지역 행사로 자리매김하였다.

이런 사업들은 2012년 초 사회적기업협의체에서 제안했던 사회적경제 지역화를 위한 장기 지원 사업의 결과물이다. 민선 6기에 들어서면서 이러한 인프라를 기반으로 '사회적경제(예비)특구 지정사업'이 추진되었다.

사회적경제 활성화를 이루는 가치 있는 세금 사용

자치구 내 구청을 포함한 공공기관에서 구매하는 규모는 상당한 수준[16]이다. 복사지, 화장지 등 소품목에서 청소 용역, 건설 용역까지 범위도 넓다. 사회책임조달은 이런 공공구매를 납세자의 최적 가치를 획득하는 방식으로 진행하는 것이다. 납세자의 최적 가치는 최저 금액만을 의미하는 것이 아니라 보이지 않는 비용은 물론 품질과 사회적가치도 포함한다. 성북구는 공공구매 확대를 통해 취약계층의 고용을 늘리고 이를 통해 사회복지 예산을 절감했다. 납세자의 세금이 최적 가치를 실현할 수 있도록 자치구 단위에서 법과 제도를 정비한 것이다. 대표적으로 '사회적경제 제품 구매 촉진 및 판로 지원에 관한 조례'가 있고, 이를 포함하여 사회적경제 제반 사항을 포괄하는 '사회적경제 기본조례'가 제정되고 있다.

'사회연대경제 지방정부협의회'에 12개 자치구청장이 참여하여 평균 2억 6,000만 원의 사회적경제 예산을 확보했다. 2015년 사회적경제에 대한 공공구매액은 338억 원이며, 자치구 범위에서 사회적경제와 관련한 조례 39건이 제 · 개정되고 성동구와 은평구에서 사회적경제 활성화기금이 설치되었다.

성북구에서는 2012년 7월 '사회적경제 제품 구매 촉진 및 판로 지원에 관한 조례'를 제정한 이후 공공구매가 크게 증가했다. 이를 통해 2012년 20개 기업에서 신규 고용이 276명으로 크게 증가했고, 그중 취약계층은 116명에 달했다. 김영배 성북구청장은 다음과 같이 공공구매 확대 효과를 설명했다. "만약 취약계층 116명이 일자리를 구하지 못했다면 성북구에서 생계비 등을 지급했어야 한다. 그들이 가장일 경우 2~4인 가족을 위해 지출했을 복지비까지 감안하면 상당한 예산 절감을 이룬 셈이다."

성동구에서도 준공업 지역이었던 성수동이 젊은 예술가와 비영리단체, 사회적기업들이 자리 잡으면서 점점 활성화되기 시작했다. 빈 공장과 창고를 이용해서 전시회와 패션쇼 등 다양한 행사가 개최되었고 특색 있는 카페와 가게가 하나둘 늘어났다. 그러나 그럴수록 임대료가 상승하여 변화를 주도했던 사람들이 지역을 떠나기에 이르렀다. 이를 방지하기 위해 성동구는 전국 최초로 2015년 9월 젠트리피케이션 방지 조례를 제정해 주민들의 호응을 얻고 있다. 이 조례의 정식 명칭은 '지역공동체 상호협력 및 지속가능 발전구역 지정에 관한 조례'로 관할 구역에 지속 가능한 발전구역을 지정한 뒤 도심 재생사업을 통해 지역 상권을 발전시키는 것을 목표로 한다. 특별히 상권이 발전함에 따라 대형 프랜차이즈 등이 입점해 지역의 소상공인이 피해를 보지 않도록 주민들이 협의체를 구성해 입점 업체를 선별하도록 하고 있다.

경제의 규칙, 시민 행복을 최우선으로

공동체 내에서 주민들은 생산자이자 소비자이고, 공급자이자 수혜자다. 사회적경제의 지역화 사업 추진 이후, 복합적인 정체성을 가진 주민들이 각자의 필요에 따라 다양하게 활동할 수 있는 기반이 마련되었다. 단순히 창업 상담에만 머무르는 것이 아니라 다양한 영역에서 활동하며, 이를 통해 사회적자본의 핵심인 '신뢰도'를 높이고 있다. 이를 기반으로 주민들은 더욱 폭넓게 활동하고, 마을관계망의 사회적경제화는 가속화될 것으로 기대된다.

사회적경제의 기초 생태계를 활성화하려면 지역 문제를 사회적경제 방식으로 해결하는 역량을 강화해야 한다. 그런 의미에서 지역 의제 사업을 발굴하고 추진되었다. 주민 체감도를 높이고, 사회적경제의 인식을 제고할 수 있는 중요한 과제다. 일반적으로 이 과제가 실행되기까지는 오랜 시간이 필요하다. 지역문제를 조사하고 공론화하는 것에서부터 해결 역량을 갖춘 인재를 양성하고 확보하는 일, 사업화하기 위해 자본을 조성하는 일 등이 선행되어야 하기 때문이다.

사회적경제의 지역화 전략 추진 후, 짧은 기간이지만 이런 과정을 거쳐 지역의 특성과 역량을 반영한 다양한 사업들이 실험되고 추진되었다. 특기할 만한 사실은 이러한 지역 의제 사업이 지역 재생사업, 혁신 교육 지구 등 서울시의 전략 추진사업과 만날 때 시너지 효과를 발휘한다는 것이다. 또한 봉제산업, 돌봄산업 등 사회적경제의 강점이 있는 분야도 뚜렷하게 드러나고 있다. 이처럼 적극적인 실험이 진행되고 있는 사회적경제의 업종과 영역에 대해 적극적인 모델링과 홍보가 필요하다. 또한 이외에도 사회적경제를 적용할 수 있는 적절한 분야를 개척하려는 노력이 계속되어야 한다.

사회적경제의 지역화 사업 추진 이후 다양한 실험들이 진행되면서 주체 간의 협력 경험이 축적되었다. 자치구 내에서 민관이 함께 머리를 맞대고 사회적경제 활성화를 통해 주민들의 삶의 질을 향상시키기 위해 노력하며 공간, 자본 등 공유형 자산을 축적하기 시작한 것이다.

사회적경제 지역화에 대한 공감대가 커지고, 사회적 경제가 지역 문제를 해결하는 해결책으로 진화하고 있지만 여전히 그 기반은 튼튼하지 않다. 단기간에 공유형 자산으로 확대될 수 없고, 짧은 기간 신뢰가 대폭 쌓일 수는 없다. 지역 범위에서 주체 간 협력을 통해 스스로 역량을 쌓고 사회적경제가 확대될 수 있도록 끊임없는 혁신과 실천이 요구된다. 그리고 지역 계획이 실현될 수 있도록 장기적인 지원이 필요하다.

이와 같은 5년간의 노력에도 불구하고 사회적경제가 지향하는 '내발적 · 민주적 경제 발전 원리'가 주류 시장경제에 미치는 영향력은 아직 미약하다. 앞으로 서울시민들이 체감하는 생활 문제에 대해 규모 있고 혁신적인 해법을 제시하는 사업 모델을 개발하도록 노력해야 한다. 아울러 인재 양성, 기술개발, 의제 연구, 협업 사업 등이 가능한 공유 플랫폼과 금융 및 시장 환경을 조성하는 데 힘써야 한다. 그리고 이러한 생태계 조성을 통해 포용적 성장을 이루는 한편 정책의 지속성이 보장되어야 할 것이다.

물론 '2014 사회적경제 매니페스토 실천협의회' 권고 사항에 대한 서울시의 이행도는 매우 높다. 또한 서울시의 정책적 변화는 민선 6기 지방선거 과정에서 타 지방자치단체에게 영감을 주었다고 자평할 수 있다. 향후 서울시뿐 아니라 25개 자치구와 국회, 중앙정부, 현장 조직들이 보다 도전적으로 검토하고 추진해야 할 정책 과제를 살펴보자.

사회적경제 사업연합 활성화

사회적경제가 발달한 스페인의 몬드라곤 협동조합과 영국의 협동조합 그룹을 살펴보면 '내부 자원과 사업 역량'을 축적한 사회적경제의 선두 그룹을 주축으로 동종 · 이종 업종 간 기업들이 모여 사업연합체를 구성하고 자원 공유와 협업 사업을 활발하게 추진하고 있다. 국내에서도 공정무역협의회, 아이쿱협동조합지원센터, 아름다운가게 뷰티풀펠로우 지원 사업, 해피브릿지협동조합 외식업경영연구소 등이 사업연합의 좋은 사례로 꼽히고 있다.

지금까지 우리 사회는 사회적경제 내부에 공유할 자원이

부족하고 시민들의 신뢰나 소비망이 부족해서 중간지원조직들과 정책별 부문협의체를 통한 자원 개발 및 정책 교섭이 중요했다. 그러나 기업들은 시장에서 직접 생존 전략을 익힌 선배 기업과의 사업 지원과 연대가 중요하기 때문에 앞으로는 사업연합 활성화에 주력할 필요가 있다. 이러한 업종별 사업연합 활성화로 사회적경제 기업이 규모화되는 것은 물론 사회적경제 협의체들의 낮은 연합율도 개선되리라고 예측할 수 있다. 아울러 사회적경제 인프라 확충 시에는 공공과 지원 기관 외에 당사자 협의체의 고유한 위상과 역할을 마련하고 이를 제도적으로 보장하려는 노력 또한 필요하다.

상호공제조합 육성 기반 조성

사회적경제 조직들은 생산에 필요한 자금 확보뿐 아니라 피고용인을 위한 관혼상제 상호부조기금 등 다양한 금융서비스가 필요하다. 이에 당사자들의 수익금 여수신과 상호부조 보험업 등이 가능한 사회적경제 공제조합을 설립할 수 있도록 사회적경제 기본법 및 조례를 제 · 개정하고, 서울시사회투자기금을 매칭하는 육성 전략을 추진할 필요가 있다.

공제조합 설립 시 당사자 조직들의 자발적 참여와 공공 ·

기부금 출연을 연계하고, 당사자 협의체에 운용권을 부여함으로써 자조금융으로 정착을 유도할 필요가 있다. 이미 지난 2011년 중소기업협동조합의 공제사업을 허용하도록 '중소기업협동조합법'이 개정되어 시행 중이다. 사회적경제 공제조합을 통해 창출된 금액을 커뮤니티 내부에서 순환시키며 조달 계약 확대에 따른 보증보험료 부담 완화나 사회적경제 가족들을 위한 상조서비스 운영 등 다각적인 사업 모색이 가능할 것으로 보인다.

조직 유형별 지원에서 미션 유형별 지원제로

그동안 사회적경제 조직은 중앙부처의 지원 제도 하에 자활기업, 사회적기업, 협동조합, 마을기업 총 4개 부문으로 나눠져 있었다. 그러나 최근 들어 부문 간 중복이 커지고 있어 기업의 입장에서 부문별, 지역별, 업종별 네트워크에 각기 참여해야 하는 피로감을 호소하기도 한다.

현장 조직들은 조직 유형보다는 미션 유형별로 의제의 시급성, 자본 조성 방식, 소비자의 지불 능력, 사회적 지지망, 시장 형성도 등이 다르므로 이를 고려한 맞춤형 지원 정책을 설계해야 한다. 따라서 서울시를 선두로 부처 간 칸막이를 깨는

'깔때기 지원 행정'을 추진할 필요가 있다. 서울시 사회적경제 기본조례를 토대로 우선 서울시의 독자 예산 사용에서부터 사회적경제 조직들을 미션 유형별로 재구분하여 사업에 필요한 지원을 재구성해야 한다. 더불어 조직 유형 간 이행 경로를 제시할 필요도 있다.

유휴 공공자산의 커뮤니티 위탁경영 확대

2012년 서울시 사회적경제 지원 예산의 30%를 할애해 사회적경제 조직들의 공유사무실 및 매장, 공동작업장 등이 입주할 수 있는 업종별 · 자치구별 사회적경제 클러스터를 만드는 데 지원했다. 한편 사회적경제 기업들이 스스로 보증금을 모아 공동사옥 형태로 만들어보자는 민관협의체의 공감대도 있었다. 그러나 자치구가 주도한 협동화단지 조성 외에 아직 민간 주도 사례는 만들지 못했다.

반면 국내 기초 지자체 중 사회적경제의 양과 질 모두에서 선도 지역으로 꼽히는 마포구가 맞이한 젠트리피케이션의 악영향, 상업지를 포함한 도시재생지역과 유명 관광지의 부동산 투기열풍, 현금성 재정 지원에서 시장 조성(공공계약 확대)과 자산 운용 위임을 확대한 선진국의 지원제도 변천사 등을 고려할 때 앞으로 서울시는 사회적경제 조직들의 협업형 공간 자산 조성을 위한 사회투자기금 융자 확대 및 민간주도형 협동화 단지 조성 지원 등 다양한 지원 방안을 활용할 필요가 있다. 이에 중장기적으로는 공공자산 가치 하락기를 활용하여 사회적경제 조직들이 '유휴 공공자산 공동체 신탁'을 만들고 이를 공간 자산으로 운용하여 수익을 사회적 목적사업에 재투자할 수 있는 법적 장치가 개발되어야 한다.

법인격 신설

사회적기업은 비영리법인이 비즈니스 방식을 활용하면서 발전해왔다. 영국과 미국의 경우 비영리법인이 기존의 자선 중심 운영 방식에서 벗어나 기업적 경영 기법을 적용하여 큰 성과를 거둔 경우가 많다. 반면 우리나라에서는 협동조합과 사회적기업 대부분이 상법상 회사 형태로 운영되고 있다. 그러나 상법상 회사형태로는 투자금과 기부금을 확보하기 어려운 단점이 있다. 아무리 기업가가 선의를 가지고 있더라도 발생 수익에 대한 전적인 처분권을 가진 영리법인일 경우, 자선적 투자가 입장에서는 믿고 투자하기 어려우며 고객 입장에서도 해당 기업의 제품과 서비스를 안심하고 구매하기 어렵다.

영국은 공동체이익회사를 새롭게 만들며 사회적기업이 비약적으로 성장하는 데 초석이 되었다. 우리나라의 경우 사회적기업 육성법 내에 가칭 '사회적 목적 회사'라는 이름으로 새로운 법인격을 신설해야 한다. 그리고 해당 법인은 상법상 회사인만큼 설립은 자유롭되 이윤의 3분의 2 이상을 배분할 수 없으며, 청산할 경우 잔여 자산을 사회적기업 또는 비영리

커뮤니티 자산 관리 모델

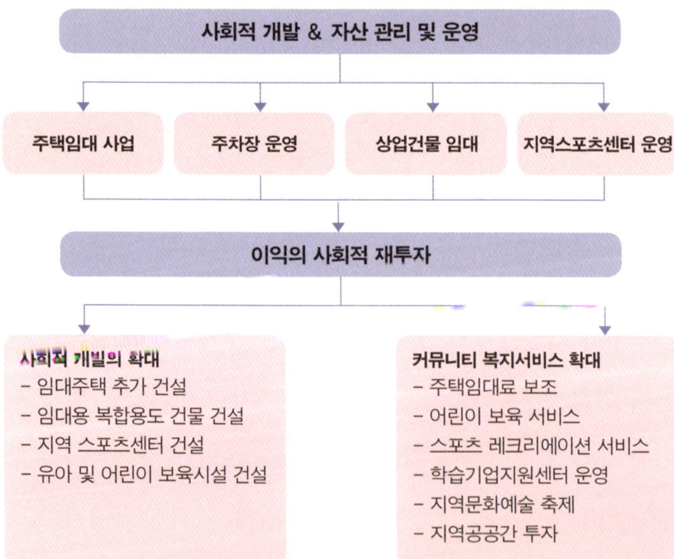

조직에 증여해야 한다. 또한 등록제로 운영하되 등록 시 사회적 목적성을 공인받고, 1년에 한 번씩 사회적 활동을 증명하는 보고서를 제출해야 한다.

사회적 목적 회사와 같은 법인격이 신설될 경우, 진정성을 가진 사회적기업가들이 자산과 이윤 배분의 제약을 기꺼이 받아들이고, 사회적 투자자들과 윤리적 소비자들을 더 많이 만나기 위해 새로운 법인격을 채택하는 일이 활발해질 것이다. 결국 이러한 과제들은 서울시의 정책 의지나 민간 역량만으로 해결이 불가능하다. 그러므로 서울시의회를 통한 적극적 조례 제·개정과 20대 국회에서 사회적경제 관련한 법률이 제·개정되는 협력적 기반 조성이 필요하다.

주석

1) 2013년 4월 2일 국회의원 홍종학 의원실에서 보도자료를 통해 최초 분석 공개한 국세청의 통합소득 100분위 자료 중 과세미달자를 포함한 소득 현황이다.
2) 김혜원 외, 2009, 「제3섹터 부문의 고용창출 실증연구」, 《경제/인문사회연구회 협동연구총서》 08-14-01: 92.
3) 2016년 7월 말 기준 서울시 (예비)사회적기업, 협동조합, 마을기업, 자활기업, 소비생협 현황이다.
4) 중소기업청, 2016, 신설법인동향, 중소기업청.
5) 중소기업청, 2016, 2015년 창업기업 실태조사, 중소기업청.
6) 서울시 GRDP는 통계청 지역소득 현황에서, 고용률은 고용노동부 사업체 노동실태 현황을 참고하였다.
7) Desjardins Economic Studies, 2011, Perspective-Economic Analysis Review, vol.21/Fall: 8.
8) 조달호 외, 2012, 2012 서울형 사회적기업의 성과 및 정책방향, 서울연구원.
소날호 외, 2016, 서울시 사회적기업의 성과 평가, 서울연구원.
9) 서울연구원, 2015, 2014년 4/4분기 서울지역 소비자 체감경기 전망 부가조사,
10) 2016년 7월 말 기준으로 협동단지를 조성한 자치구는 은평, 성북, 관악, 영등포, 동작, 노원, 성동, 도봉, 양천, 용산, 서대문이다.
11) 서울특별시 사회적경제지원센터 공공구매영업단, 2016, 2013-2015 서울 사회적기업 자율 경영공시 결과 분석, 서울특별시 사회적경제지원센터.
12) 2002년 개원한 서울여성플라자는 연 매출 30억 원에 대회의장과 최대 200명이 머물 수 있는 숙박 시설을 포함한 연수 시설을 갖춘 다목적 건물이다.

13) 경기도지사 공관을 리모델링해 게스트하우스와 카페 · 음악당이 들어선 굿모닝하우스를 경기도 사회적기업협회에서 위탁 운영하고 있으며, 지역의 사회적기업들에 일감을 나누는 협력 체계를 만들고 있다.

14) 국민건강보험공단, 2015, 2014 노인장기요양 통계연보, 국민건강보험공단.

15) 이철선, 2014, 「돌봄서비스 근로자 임금체계 구축과 추진과제」, 《보건복지포럼》 통권 제217호: 49~63.

16) 2014년 기준 서울시 본청, 자치구 및 투자출연기관의 공공구매 총액은 5조 8,800억 원 수준이며, 그중 사회적경제 기업의 총 구매액은 679억 원(1.15%)에 불과하다.

| 서울을 바꾸는 정책 |
새로운 도시 02

사회적경제

지은이 이은애
초판1쇄발행 2017년 2월 8일
초판2쇄발행 2017년 7월 28일

펴낸이 서왕진
펴낸곳 서울연구원
편집 김경혜, 전말숙, 송도숙, 이소정
디자인 림霖 디자인
인쇄·제본 현문인쇄
업무협조 서울특별시청 김설희, 김영수
서울연구원 이원영, 문신주

주소 서울시 서초구 남부순환로 340길 57
전화 02-2149-1234
팩스 02-2149-1019
홈페이지 www.si.re.kr
ISBN 979-11-5700-153-8 04300
979-11-5700-113-2 (세트)

사회적경제 / 지은이: 이은애. -- 서울 : 서울연구원, 2017
p. ; cm. -- (새로운 도시 ; 02)

ISBN 979-11-5700-153-8 04300 : ₩7000
ISBN 979-11-5700-113-2 (세트) 04300

사회 경제[社會經濟]

320.189-KDC6
330.12-DDC23 CIP2017002182